汉画总录

49

徐州

GUANGXI NORMAL UNIVERSITY PRESS
广西师范大学出版社
·桂林·

本研究由 2012 年度国家社科基金重大项目"中国汉代图像数据库与《汉画总录》编撰研究"资助

本专项研究得到吴作人国际美术基金会的赞助

HANHUA ZONGLU

项目统筹　汤文辉　李　琳
责任编辑　刘　涓
装帧设计　李若静　陆润彪　刘　凛
责任技编　郭　鹏

图书在版编目（CIP）数据

汉画总录. 49，徐州 / 梁勇，朱青生主编. —桂林：
广西师范大学出版社，2021.12
　ISBN 978-7-5598-2069-3

　Ⅰ．①汉… Ⅱ．①梁… ②朱… Ⅲ．①画像砖－史料－
研究－中国－汉代②画像砖－史料－研究－徐州－汉代
Ⅳ．①K879.444

　中国版本图书馆 CIP 数据核字（2019）第 166752 号

广西师范大学出版社出版发行

（广西桂林市五里店路 9 号　邮政编码：541004）

网址：http://www.bbtpress.com

出版人：黄轩庄

全国新华书店经销

广西广大印务有限责任公司印刷

（桂林市临桂区秧塘工业园西城大道北侧广西师范大学出版社集团
有限公司创意产业园内　邮政编码：541199）

开本：787 mm ×1 092 mm　1/16

印张：15　　字数：150 千字

2021 年 12 月第 1 版　　2021 年 12 月第 1 次印刷

定价：480.00 元

序

文字记载，图画象形。人性之深奥、文化之丰富俱在文献形相之中；史实之印证、问题之追索无非依靠文字图形。[1] 汉画乃有汉一代形相与图画资料之总称。

汉代之前，有各种物质文化遗迹与形相资料传世。但是同时代文献相对缺乏，虽可精观细察，恢复格局，重组现象，拾取位置、结构和图像信息，然而毕竟在紧要处，但凭推测，难于确证。汉代之后，也有各种物质文化遗迹与形相资料传世，但是汉代之前问题不先行获得解释，后代的讨论前提和基础就愈加含糊。尤其渊源不清，则学难究竟。汉代的文献传世较前代为多，近年汉代出土文献日增，虽不足以巨细问题尽然解决，但是与汉代之前相比，判若文献"可征"与"不可征"之别。所以，汉画作为中国形相资料的特殊阶段，据此观察可印之陈述，格局能佐之学理，现象会证之说明；位置靠史实印证，结构倚疏解诠释。因图像信息与文字信息的双重存在，将使汉画成为建立中国图像志，用形相学的方法透入历史、文化和人性的一个独特门类。此汉画作为中国文化研究关键理由之一。

两汉之世事人情、典章制度可以用文字表达者俱可在经史子集、竹帛简牍中钩沉索隐，而信仰气度、日常生活不能和不被文字记述者，当在形相资料中考察。形者，形体图像；相者，结构现象。事隔两千年形成的古今感受之间的千仞高墙，得汉画其门似可以入。而中国文明的基业，多始于汉代对前代的总结、集成而制定规范；即使所谓表率万世之儒术，亦为汉儒所解释而使之然。诸子学说亦由汉时学人抄传选择，隐显之功过多在汉人。而道德文章、制度文化之有形迹可以直接回溯者，更是在汉代确立圭臬，千秋传承，大同小异，直至中国现代化来临。往日的学术以文字文献为主，自从进入图像传播时代，摄影、电视造就了人类看待事物的新方法，养成了直接面对图像的解读能力。于是反观历史，对于形相资料的重视与日俱增。因此，由于汉代奠定汉

---

[1] 对于古史，有所谓四重证据法：传世文献+出土文献+出土文物+依地形、位置和建筑建构遗存复原的文化环境设想。但任何史实，多少都有余绪流传至今，则可通过现今活态遗存，以今证古，这是西方人类学、文化地理学中使用的方法。例如，可从近日的墓葬石工技艺中考溯汉代制作；再如，今日非物质文化遗产中的祭祀庆典仪式，其中可能有此地同族举行同类型活动的延承，正所谓"礼失而求诸野"。所以，对于某些历史对象，可以采用六重证据法：传世文献+出土文献+出土文物+复原的文化环境设想+现今活态遗存+试验考古（即用当时的工具、材料、技术、观念重新试验完成一遍古代特定的任务）。对问题的追索无非依靠文字和形相两种性质的材料，故略称"文字图形"。

族为主体的文明而重视汉代，由于读图观相的时代到来而重视图画，此汉画之为中国文化研究关键理由之二。

"汉画"沿用习称。《汉画总录》关注的汉画包括画像石、画像砖、帛画、壁画、器物纹样和重要器物、雕刻、建筑（宗教世俗场所和陵墓）。所以，与《汉画总录》互为表里的国家图像数据库[2]则称之为"汉代形像资料"，是为学术名称。

汉画研究根基在资料整理。图像资料的整理要达到"齐全"方能成为汉画学的基础。所谓齐全，并非奢望汉代遗迹能够完整留存至今，而是将现存遗址残迹，首先确定编号，梳理集中，配上索引，让任何一位学者或观众，有心则可由之而通览汉代的形相资料总体，了解究竟有多少汉代图形存世。能齐观整体概况，则为齐也。如果进一步追索文化、历史和人性的问题，则可利用这个系统，有条理、有次序地进入浩瀚的形相数据，横征纵析，采用计算机详细精密的记录手段和索引技术，获取现有的全部图像材料。与我们陆续提供给学界的"汉代古文献全文数据库"和"中文、西文、日文研究文献数据库"互为参究，就能协助任何课题，在一个整体学科层面上开展，减少重复，杜绝抄袭，推动研究，解决问题。能把握学科动态则为全也。《汉画总录》是与国家图像数据库相辅相成的一个长期文化工程，是依赖全体汉画学者努力方能成就的共同事业。一事功成，全体受益。如果《汉画总录》及其索引系统建成完整、细致、方便的资料系统，则汉画学的推进可望有飞跃发展，对其他学科亦不无帮助。

汉画编目和《汉画总录》的编辑是繁琐而细致的工作。其平常在枯燥艰苦的境况中日以继夜。此事几无利益，少有名声，唯一可以告慰的是我们正用耐心的劳动，抹去时间的风尘，使中国文明之光的一段承载——汉画，进入现代学术的学理系统中，信息充溢，条理清楚，惠及学界。况且汉画虽是古代文化资料，毕竟养成和包蕴汉唐雄风；而将雄风之遗在当今呈现，是对中国文明的贡献，也是为人类不同文明之间更为深刻的互相理解和世界在现代化中的发展提示参照。

人生有一事如此可为，夫复何求？

编　者

2006年7月25日

---

[2] 2005年国家文化部将中国汉代图像信息综合调查与数据库项目纳入"国家数据库专项"系统。

编辑体例

《汉画总录》包括编号、图片、图片说明、图像数据、文献目录、索引六部分内容。

1. 编号

为了研究和整理的需要，将现有传世汉画材料统一编号。编号工作归属于一个国家项目协调（《中国汉代图像信息综合调查与数据库》为国家艺术科学"十五"规划项目）。方法是以省、区编号（如陕西 SSX，山西 SX）加市、县，或地区编号（如米脂 MZ）再加序列号（三位），同一汉画组合中的部件在序列号之后加横杠，再加序列号（两位）。比如米脂党家沟左门柱，标示为 SSX－MZ-005-01（说明：陕西—米脂—党家沟画像石墓—左门柱）。编号最终只有技术性排序，即首先根据"地点"的拼音缩写的字母排列顺序，在同一地点根据工作序列号的顺序。

地点是以出土地为第一选择，不在原地但仍然有确切信息断定其出土地的，归到出土地编号，并在图片说明中标示其收藏地和版权所有者。如果只能断定其出土地大区（省、区），则在小区（市、县、地区）部分用"××"表示。比如美国密西根大学博物馆藏的出自山东某地，标示为SD-××-001。如果完全不能断定其出土地点，则以收藏地点缩写编号。

编号完成之后，索引、通检和引证将大为方便。论及某一个形象或画面，只要标注某编号，不仅简明统一，而且可以在《汉画总录》和与此相表里的国家图像数据库（国家文化部将《中国汉代图像信息综合调查与数据库》项目纳入"国家数据库专项"系统）中根据检索方法立即找到其照片、拓片、线图、相关图像和墓葬的全部信息，以及关于这个对象尽可能全面的全部研究成果，甚至将来还可以检索到古文献和出土文献的相关信息，以及同一类型图像或近似图像的公布、保存和研究情况。

2. 图片

记录汉代画像石、画像砖的图片采取拓片、照片和线图相比照的方式处理。[1] 传统著录汉画的方式是拓片，拓片的特点是原尺寸拓印。同时，拓片制作时存在对图像的取舍和捶拓手工轻重粗精之别，而成为独立于原石的艺术品。拓片不能完整记录墓葬中画像砖石的相互衔接和位置关系，

---

[1] 由于在《汉画总录》的编辑方针中，将线描用于对图像的解释和补充，线描制作者的观点和认识会有助于读者理解，但也形成了一定的误导和局限，因此在无必要时，将逐步减少线描的数量，而把这个工作留待读者在研究时自行完成。

以及墓葬内的建筑信息，无法记录画像石上的墨线和色彩，对于非平面的、凸凹起伏的浮雕类画像砖石，也不能有效地记录其立体造型。不同拓片制作者以及每次制得的拓片都会有差异。使用拓片一个有意无意的后果是拓片代替原石成为研究的起点，影响了对画像石的感受和认知。拓片便利了研究的同时也限制了研究。只是有些画像砖石原件已失，仅存拓片，或者原石残损严重，记录画像砖石的拓片则为一种必要的方法。

照片对画像砖石的记录可以反映原件的质地和刻划方法、浮雕的凸凹起伏，能够记录砖石上的墨线和色彩，是高质量的图像记录中不可缺失的环节。线图可以着重、清晰地描绘物像的造型和轮廓，同时作为一种阐释的方法，可以展示考察、记录研究者对图像的辨识和推证。采取线图、照片、拓片相结合的途径记录画像砖石，可相互取长补短，较为完备。

帛画、壁画和器物纹样一般采用照片和线图。

其他立体图像采用照片、三维计算机图形、平面图和各种推测性的复原图及局部线图。组合图与其他图表的使用，多部组合关系明确的情况，一般会给出组合图加以标明，用线描图呈现。如多部组合而关系不明确的情况下则或缺存疑。其他测绘图、剖面图、平面图以及相关列表等均根据需要，随着录列出，视为一种图解性质的"说明"。[2]

3. 图片说明

图片说明分为两个部分。其一是关于图片的基本信息，归入"4. 图像数据"中说明；其二是对于图像内容的描述。描述古代图像时，基于古今处在不同的观念体系中的这一个基本前提，采取不同方式判定图像。

3.1 尝试还原到当时的概念中给予解释[3]，在此方向下通常有两种途径。

3.1.1 检索古代文献中与图像对应的记载或描述，做出判定。但现存的问题，一是并非所有图像都能在文献中找到相应的记载或解释，即缺乏完备性；二是这种"对应"关系是人为赋予的，

---

[2]根据编辑需要，在材料和技术允许的情况下，会给出部分组合关系图。由于编辑过程受到各种条件的限制，尽其努力也无法解决全卷缺少部分原石图、拓片、线图的情况，或者极个别原石尺寸不齐的情况，目前保持阙如，待今后在补遗卷中争取弥补。

[3]任何方式中我们都不可能完全脱离今人的认识结构这一立足点，不可能清除解释过程中"我"的存在，难以避免以今人的观念结构去驾驭古代的概念。完全回到当时当地观念中去只是设想。解释策略决定了解释结果。在第一种方式中，我们的目的不是把自己置换到古人的处境中去体验，而是去认识古人所用概念及其间结构关系。

文献与图像并不存在必然的联系，且不同研究者可能做出不同的判断[4]；三是现存文献只是当时多种版本的一种，民间工匠制作画像石所依据的口述或文字版本未必与经过梳理的传世文献（多为正史、官方记录和知识分子的叙述）相符。

3.1.2 依据出土壁画上的题记、画像砖石上的榜题、器物上的铭文等出土文字材料，对相应图像做出判定，这种方式切近实况，能反映当时当地的用语，但是能找到对应题记的图像只占图像总体的一小部分。

3.2 在缺失文献的情况下，重构一种图像描述的方式——尽量类型化并具有明晰的公认性。如大量出现的独角兽，在尚不确定称其为"兕"还是"獬豸"时，便暂描述为独角兽，尽管现存汉代文献中可能无"独角兽"一词。同时，图像描述采取结构性方式，即先不做局部意义指定，而是在形状—形象—图画—幅面—建筑结构—地下地上关系—墓葬与生宅的关系—存世遗迹和佚失部分（黑箱）之间的关系等关系结构中，判定图像的性质或意义。尽管没有文字信息，图像在画面和墓葬中的位置和形相关系提供了考察其意义和"功能"的线索。

在实际图片说明中，上述两种方式往往并用。对图像的描述是在意识到这些问题的情况下展开的，部分指谓和用语延承了以往的研究，部分使用了新词，但都不代表对图像涵义的最终判定，而只是一种描述。

4. 图像数据

图片的基本信息（诸如编号、尺寸、质地、时代、出土地、收藏地等）实际上是图像数据库的一个简明提示。收入的汉画相关信息通过数据库的方式著录，其中包括画像石编号、拓片号、原石照片编号、原石尺寸[5]、画面尺寸、画面简述、时代、出土时间、征集时间、出土地[6]、收藏地、原收藏号、原石状况（现状）、所属墓葬编号[7]、组合关系、著录文献等项。文字、质地、色彩、制

---

[4] 关于此前题材判定和分类的方法和问题，参见盛磊《四川汉代画像题材类型问题研究》，北京大学艺术学系99级硕士毕业论文。

[5] 画面尺寸的单位均为厘米，书中不再标识。

[6] 出土与征集的区分以是否经过科学发掘为界，凡经正式发掘（无论考古报告发表与否）均记为出土，凡非正式发掘（即使有明确出土地点和位置）均记为征集。

[7] 所属墓葬因发掘批次和年代各异，故记为发掘时间加当时墓葬编号，如1981M3表示党家沟1981年发掘的第三号墓葬。

作者、订件人、所在位置、相关器物、鉴定意见、发现人中有可著录者，均在备注项中列出。画像石墓表包括墓葬所在地、时代、墓葬所处地理环境、封土情况、发现和清理发掘时间、墓向、墓葬形制、随葬器物、棺椁尸骨、画像石装置，发现人、发掘主持人也在备注项中注出。建立数据库的目的和价值在于对数据库中的所有记录进行检索、比较、统计、分析，以期达到研究的完备性和规范性。[8]

5. 文献目录

文献目录列出一个区域（指对汉画集中地区的归纳，如陕北、南阳、徐州、四川等，多根据汉画研究的分区，而非严格的行政区划）有关汉画内容的古文献、研究论著和论文索引，并附内容提要。在每件汉画著录中列专项注出其相关研究文献。

6. 索引

按主题词和关键词建立索引项，待全部工作结束之后，做成总索引。因为《汉画总录》的分卷编辑虽然是按现在保管地区为单位齐头并进，但各种图像材料基本按出土地点各归其所，所以地名部分不出分卷索引，只在总索引中另行编排。

朱青生

北京大学汉画研究所

2006年7月31日

---

[8] 对于存在大量样本和繁杂信息的研究对象，数据库的应用是有效的。在考古类型学中，传统的制表耗费时力，且不便记忆和阅读，细碎的分类常有割裂有机整体之弊。《汉画总录》的设想是：（1）无论已有公论还是存疑的图像，一律不沿用旧有的命名及在此基础上的分类，而按一致的规范和方法记录。（2）扩大图像信息的范畴，全面记录相关要素，包括出土状况（发掘/清理/收集）、发现人、出土时间、出土地点及其所属古代区划、画像材质、尺寸、所属墓葬形制、画像位置、随葬器物及其位置、画像保存状况、铭文、已有断代、画像资料出处、相关图片、相关研究、收藏地等。图像则记录单位图像的位置及其间的组合情况。（3）利用数据库，按不同线索和层次对图像信息进行查询、检索，根据统计结果做出判断。

目　录

前 言

《汉画总录》徐州卷我们所用的时间最长，1996年《汉画总录》项目刚刚开始，我们就到徐州进行了全面的考察和计划。本来《汉画总录》计划从徐州卷开始启动，但是由于各种原因，徐州卷到目前为止，决定分期和分区来进行。

《汉画总录》中"汉画"有一个宽泛的概念和一个狭义的概念。宽泛的概念就是"汉代形象"，这是北京大学汉画研究所主持的国家社科重大课题项目"中国汉代图像数据库与《汉画总录》编撰研究"题目所规定的。狭义的概念是传统所说的汉画，是指根据画像石画像砖所形成的拓片。《汉画总录》徐州卷以宽泛的汉画概念作为研究的方向，所以整个工作分成三期。所谓分期，是指在徐州市委宣传部冯其谱部长的主持之下，把徐州地区（含各区县）的博物馆、画像石馆、遗址和文化单位所收藏保管的画像石、画像砖、器物纹样和各种其他形象进行全面的著录。第一期是在2000年之前就开始与武利华馆长、李银德馆长合作研究，对徐州汉画的整体情况和整个徐州画像石馆的编辑计划作了充分的探讨，具体著录工作在徐州博物馆李晓军馆长和徐州汉画像石艺术馆梁勇馆长的领导之下，首先对徐州汉画像石艺术馆的部分画像石进行了拍摄、捶拓、测绘和著录，经过北京大学汉画研究所的编辑工作，出版为7卷。第二期是在杨孝军馆长的领导之下，对徐州汉画像石艺术馆所有画像石进行一次彻底的清理，并对徐州地区各区县的博物馆、遗址继续进行整理，计划编为20卷左右。第三期是对其他汉代图像进行调查与著录。

所谓分区，就是徐州的画像石不仅仅保存在徐州汉画像石艺术馆，还分别存于徐州博物馆以及各个区县的文物保管部门，所以徐州卷按各个具体的保管单位来进行著录和编辑（以下具体编到哪一个部分，就写这一部分的细节）。

在徐州卷的编辑过程中出现了一个新情况。由于徐州汉画像石艺术馆保管和研究收藏能力强，所在城市经济实力强大，地区领导高度重视和支持，所以馆中收藏的画像石未必都是出自徐州地区，还包括具有各种来源的征集品和捐赠品。这样一来，在徐州所看到的画像石不一定是徐州画像石，而是有部分来自周围的地区，甚至来自相当遥远的区域，其出处不明确，流传过程曲折，给徐州卷的编辑造成了很复杂的情况。这就为《汉画总录》的著录和编辑工作带来了新的课题：我们如何在一个地区性的标志卷帙之下汇集地区来源不同，以及来源不明的画像石。

这就是"总录观念"，在编辑分类上属于分类全集（catalogue raisonné）的方法 [1]，就是将图像材料切分成可以完成的类别，对这一类别所有的材料进行全面考察、著录、编辑、发表。对象的分类可以按其自身性质来划分，也可以用人为的规定来划分。比如根据人物（作者）记录这个人的全部作品，或者某一种类型的图像在一个时代（确定时段）和一定文化（确定区域和特殊文化性质）中的全部遗存。《汉画总录》徐州卷的分类确定为"徐州地区文物单位目前保管的现有汉代墓葬石刻图像材料"。汉代墓葬石刻图像材料并不是汉画的全部。我们在编辑《汉画总录》时，把汉画定义为"广义的汉画"，即汉代图像 [2]（相对于汉代的实物和汉代的文献而言）。汉代的图像还包括画像砖、壁画和帛画、器物纹样（含平面的一般概念绘画，特别是构成幅面整体的图画）、纺织纹样和其他纹样，以及组成各种形相逻辑的图像关系。所谓图像关系，就是形相学中的"相性"，并不一定是一幅或一组确定的图画，而是各种现象和形象互相之间的一种连带关系，得以被记录、标识和展现出来的"图"。这个问题笔者在 2004 年已经作过论证与说明，当时正在编辑《汉画总录》（1—10 册）："一个画面首先是一根线条，再由线条造成一个图形，然后由图形来构成形象，形象变成图画，图画进一步发展为图像，图像就是诸多图画的集合，是一个有意义的画面。接下来是方位问题，任何一个图画都要处于一定的位置上才会有意义，这些有意义的图画进一步与非图画成分形成整体构造，再进一步在整体结构中与墓下—墓上的系统发生关系。再向前推一步是与地理环境的关系，任何地理环境都有一个在特殊观念中形成的图像。这样的'关系'可概括为10层，分别为线条与形状、形状与图形、图形与形象、形象与图画、图画与图像、图画与（它所在方位组成的）画幅、画幅与（非图画器物因素构成的）整体、整体与（全部）墓内、墓内与墓上、墓葬与地理环境的关系等，因此在研究汉画时，北京大学汉画研究所的方法就是在这十层'关系'中进行解释。现在有许多学者已经开始注意到这种关系，我们进一步认为研究单独的一件作品是'形学'，它们之间相互关联与对应的关系是'相学'。"

[1] 这个概念在编辑伊始已经确立，但是对《汉画总录》作为catalogue raisonné（分类全集）和作为图像志（iconography）的基础这一点当时没有充分强调。

[2] "中国汉代图像数据库与《汉画总录》编撰研究"（项目批准号：12&ZD233）的阶段性成果呈现。该项目同时是由广西师范大学出版社申报、由国家新闻出版总署批准支持的出版项目，拟资助全国范围内共计200册《汉画总录》的出版。这里的200册收录的是广义的汉画，即中国汉代图像数据。

这个方法也可以扩展到今后对于来源不清或者真假程度存疑的作品的辨识。随着社会经济的发展，据称仅徐州地区就正以每天几十块的生产量在制造汉代画像石的复制品。复制品一方面作为文化产业的产品，成为建筑和装饰工程的材料，满足在文化自信发展的时代，人们对带有汉代艺术风格和内容的作品的欣赏需要；另外一方面，它也有意和无意地变成一个造假的生意、行当，利用汉墓中发掘出土的石头，按画像石的各种图样进行刻画，有些则是在真实的画像石上补刻（文字和复杂图像），更多的是仿制新刻，甚至对同一件作品进行批量生产，混入古代原作，成为赝品，通过各种销售场景和环节的设局，分销各地。所以，今后在各个收藏中间都会掺入大量不仅来源不明而且真假难辨的作品。当然，在编辑徐州卷之前，《汉画总录》只收罗在公共收藏中出处清晰、保管记录流传有序、收藏记录明确的作品。这是基本原则，以后也还会以此为基础。但是随着工作的推进，徐州卷就大量地涉及了这一部分流转搜集、来源不明的藏品，此类藏品甚至已经成为地方博物馆的重要部分。而在中国普遍存在的大量的私人收藏，大多是未经考古发掘、出处不详、来源不明的藏品。如果对这一部分完全忽视，不加著录，忽视的就不仅仅是几块石头，而是作为汉画全集的资料的整体。出处不明，不代表其不是；真赝难辨，不代表其完全不真！这个情况在徐州卷之前所编辑的各地汉画中也零星地存在，比如在陕北卷里面就有很多藏品是征集而来，出处不明，而且也有个别真伪无法绝对确定的作品。2011年完成陕北卷时，我们就确立了这样的"总录观念"："由于上述的21世纪之前汉画不作为重要文物而零散流落，21世纪以来又有许多流散和新出土的汉画流落在私人收藏中，公共机构和国家博物馆的购藏过程也无法避免各种盗掘、作假的作品异地流通，通过不正当渠道及手续进入博物馆收藏，所以真正通过科学发掘的汉画在整体汉画范畴中所占比例不高。因此既要广泛地记录汉画的现象，又要对可能的怀疑留下依据，同时也要将汉画的一些各种原因零落流散的重要证据尽可能地保存。《汉画总录》采取了catalogue raisonné（分类全集）的现代观念来进行著录。在这种著录过程中，不是把一个对象简单地定义为真或伪，来源清晰或模糊，整体或零碎，具备或不具备确切年代，而是将其各种记录、争论、判断一并记录，给出怀疑的余地和补救的可能，把汉画的整体现象，包括明显作假却有相当的警示和对照作用的作品，也选择其典型案例进入总录，使得对汉画的著录变成一个相对来说既精密，又可以不断趋向更为精密的研究记录。当然，由于收录制度的严密，编辑委员会对于明显造假的作品一律不收，除非作为对比的案例陈列。《汉画总录》不收任何没有原始文物的拓片和照片（除非用于对比和残损补充）。"[3]

因此对于这些问题，我们采取的办法是，在著录时针对出处和来源的标示进行不同程度的区分。《汉画总录》徐州卷的部分将作这样的区分：

第1种，凡是有明确出土地点并且流传、收藏记录完整者，标明出处。

第2种，凡源自征集、来源直接并知道大概地域者，标为征集，并且注明大概的征集地点。

第3种，出处不明、由各种流通渠道征集者，标为征集。

第4种，从各种渠道进入、缺少基本的征集信息，或者记录信息有明显讹误者，标成馆藏。

我们明确建议《汉画总录》的使用者应该有这样一个清晰的区别意识：凡是标明"征集（无出土地点）"和"馆藏"的画像石，在引用时必须比对其他信息，多加考证，不可以直接引用。对这样的作品的鉴别是进行研究活动的必要前提和伴随工作。随着国家经济的发展和市场经济的繁荣，考古器物和文物的存世会出现一些复杂的情况，愈演愈烈。因此今后在著录的过程中，《汉画总录》将秉持徐州卷所确立的这个方向，继续往更为细致和深入的方向作出区别和认定。

有了分类全集作为基础，就能将存世并封存于各处的全部相关材料进行通检和比对，从而就能编辑更为精密的图像志。经过仔细的检验图像志的整体工作之后，个案研究才更容易展开，因为其基础材料的检验系统和数据系统事先已经完整成立。也许这是在计算机数据库和互联网时代，在学术研究的新的条件下提出的新的要求。

汉代许慎编《说文解字》，搜罗和查遍汉和帝永元十二年（公元100年）到汉安帝建光元年（公元121年）之前的所有字样（文字资料），收字9353个，另收"重文"（即异体字）1163个，总共获得10516字，再将这些个别的字分成540个部首，按类编排，逐字解释，先辨析字体来源，再研究意义的赋予与延伸，成为中国在汉代的文字方面的一部基准字典。虽然东汉中后期由于今文经学的影响，对文字的意义的附会在所难免，当时又没有严格的文字考古，对每一个字只从古文（六国文字，含零星的两周遗文）到小篆溯源，而非从甲骨文、金文的形式演变路径追溯，更谈不上对从图像到文字的演变路径的思索，也不会顾及语言从图—音混合交错地形成文字的心理和环境过程

---

[3] 朱青生、张欣、任楷：《〈汉画总录〉编辑的方法》，未刊稿。

因素，但这部字典仍是讨论中国文字问题的根据和基础。

　　中国在汉代也有一个同样丰富复杂的图像系统，但是当时没有人编撰整理图谱，及至如今，问题变得非常复杂，不仅对每个形象（线条—形状所建构的可辨认的形相层次）和图画（具有构图关系的形象组合）没有分门别类的谱系认识，而经由形象—图画—图像—画幅构成的形相逻辑更是交织纠缠，多个意义来源并置。以马王堆1号汉墓的帛画为例，这一件（多画幅）图像中所显现出来的形象和图画并不是来源于一个形相系统，也不是根植于一个完整的理论框架和观念系统，这样一来，如何解释帛画就莫衷一是。[4] 所以我们只能把墓葬中使用的图像问题看成是一种图样的铺陈 [5]，而不能看成是一个具有完整意义的图画和密码系统设计。但是今天我们反过来对以汉代为主体，并囊括汉代以前的所有图样进行通盘检验，其实还是希望通过大数据整合找出汉画即汉代形象的整体的意义系统结构，只不过这个意义系统不可以过于穿凿定义与细节，而需要高度谨慎地悬置于一个大体意义框架解释上，为多方面的推敲留有余地。比如南北朝佛教传入后的图像系统，丝绸之路的打通，使西边的图像传统先于佛教传入。丝绸之路并非因为佛教而打通，而是打通之后佛教才逐步渗透，图像也是如此。对于这些逐步掺入图像系统的意义，到底应该怎么来辨析？首先还是必须对汉代整体部分进行根本的梳理和编辑，才能够逐步对比出哪些是汉族地区非本来的因素。

　　虽然汉代图像分类全集这个工作今天还是存在很多的缺环，但也不是不可以做部分展开图像志的工作，《汉画总录》的编辑本来就是为构建这样的逐步完善却永无止境的图像志作准备，正如我们一开始的总体思路：

　　《汉画总录》作为中国图像志的基础部分，是中国图像志的关键性工程。从中国图像志整体工程而言，在汉代之前，大量图像因为没有文献证据，根本无法建立确切的图像志，必须靠汉代的图像志来反推，因为汉代既有大量的成体系的图像，也有相关的文献，可以对其加以确证。汉

---

　　[4] 参见 Jerome Silbergeld, "Mawangdui, Excavated Materials, and Transmitted Texts: A Cautionary Note", *Early China*, Vol. 8 (1982–83), pp. 79–92。

　　[5] 2004年我在纪念马王堆汉墓发掘30周年国际学术讨论会上作大会发言，发表了"铺陈说"的理论，同时论证马王堆帛画在墓葬中并不是预先设定和高度尊崇的元素，其画面内容并不是出于同一个意义系统，图画之间也不存在严密的形相逻辑关系，而且也不具备任何引魂升天的意指。

代之后，也必须以汉代为基础，才能推到唐代及唐以后。所以，汉代图像是中国图像志构建过程中一个不可替代的关键性工程。从图像志编制本身的技术规程而言，即从艺术史的研究技术而言，先有分类全集即总录，然后才能在此基础上编辑图像志。任何图像志即图谱都是在所有的相关图像得到整体调查，理论上全部集全之后才能够进行归类整理和溯源考证（这里的研究空间永无边际）。有了图像志的图像认识之后方能进行专门问题的扩展，引申出"新艺术学"，即对各种图像所记录和显示的意义进行历史学、社会学、人类学、文化学、心理学甚至经济学问题的研究。反过来，这样的研究又促进和帮助了对图像志的校正与深入了解。

《汉画总录》是各学科研究的共同基础项目。在图像时代到来之后，原来以文字文献为主导的科学研究和文明记录方式会被日益普及的以文字和图像为共同基础的研究方法和研究手段代替。图像数据库的建立不仅是和艺术学相关的科目的基础，而且是各门社会科学和人文科学的共同基础项目，比如21世纪的古典学科在西方已经不单是语言学，还包含了图像和物质材料的重大扩展。事实上，中国的文、史以及社会科学的研究，已经大量使用图像材料，只是缺乏基础建设，这种使用才因此显得零星而散乱。

《汉画总录》是现代人文和社会科学方法论的前沿研究。如何在读图时代和新媒体时代记录图像、使用图像，是处在今天世界哲学最前沿的图像回归问题。对图像的技术性处理涉及传播和跨学科（与物理学、生物学）的视觉与图像构成，以及计算机中的大量所谓数字内容的基础理论和运用实践，更直接的联系是和计算机视觉传播以及创意产业、动漫产业之间的关系。没有图像志，就等于没有一部"图画的字典"。

朱青生于北京大学汉画研究所

2019年9月24日

编号	JS-XZ-136
时代	东汉
出土/征集地	
出土/征集时间	
原石尺寸	75×176×20
质地	石灰岩
原石情况	原石呈长方形，基本完整。
组合关系	
画面简述	此图为浅浮雕结合阴线刻。画面分左右两幅画面。左图刻一虎，通身可见斑纹，长尾后扬，左向回首；四周有双层边框，框间填刻云纹。右图刻一凤鸟，头有羽冠，尾羽后扬，张开双翅，面左昂首单足站立；其左下角一鸟，面左双足立地，四周有边框，上、左、右有三层边框，外框间填刻连弧纹，内框间填刻云纹。
著录与文献	
收藏单位	徐州汉画像石艺术馆

编号	JS-XZ-137
时代	东汉
出土/征集地	
出土/征集时间	2005年征集
原石尺寸	49×205×45
质地	石灰岩
原石情况	原石呈长方形，断为左右两块。
组合关系	
画面简述	此图为浅浮雕结合阴线刻。画面中央刻双头鸟形象，两首相对，张开双翅，通身可见毛羽，双足立于地面；其两侧各一龙，张口露齿，龙首皆线刻环及蟠头，颌下有须，肩生羽翼，身有斑纹，长尾后扬，面向双头鸟。画面四周有边框，左右有双层边框。
著录与文献	杨孝军：《徐州新发现一批汉代画像石考释》，《四川文物》2005年第6期，第59页，图11；杨孝军、郝利荣：《徐州新发现的汉画像石》，《文物》2007年第2期，第85页，图12。
收藏单位	徐州汉画像石艺术馆

编号	JS-XZ-138(1)
时代	东汉
出土/征集地	
出土/征集时间	2005年征集
原石尺寸	114×35×28
质地	石灰岩
原石情况	原石呈长方形，断为上下两块。
组合关系	
画面简述	此图为浅浮雕结合阴线刻。画面刻一虎，张口露齿，口间可见一旋涡纹，似噬咬由边框左上角探出之鸟首，虎首有圆耳，身有斑纹，肩生羽翼，似生有双尾内卷，上行。画面四周有边框。
著录与文献	杨孝军：《徐州新发现一批汉代画像石考释》，《四川文物》2005年第6期，第56页，图2；杨孝军、郝利荣：《徐州新发现的汉画像石》，《文物》2007年第2期，第87页，图17。
收藏单位	徐州汉画像石艺术馆

编号	JS-XZ-138(2)
时代	东汉
出土/征集地	
出土/征集时间	2005年征集
原石尺寸	114×28×35
质地	石灰岩
原石情况	原石呈长方形，断为上下两块。
组合关系	
画面简述	此图为浅浮雕结合阴线刻。画面刻一半人半龙神，头戴网状武弁，长尾弯曲，可见双足，拱手面左而立。画面四周有边框。
著录与文献	杨孝军：《徐州新发现一批汉代画像石考释》，《四川文物》2005年第6期，第56页，图2；杨孝军、郝利荣：《徐州新发现的汉画像石》，《文物》2007年第2期，第87页，图17。
收藏单位	徐州汉画像石艺术馆

编号	JS-XZ-139(1)
时代	东汉
出土/征集地	
出土/征集时间	2005年征集
原石尺寸	84×75×33
质地	石灰岩
原石情况	原石呈长方形，下端残。
组合关系	
画面简述	此图为浅浮雕结合阴线刻。画面分左右两栏，每栏分上下两格。左栏上格刻一鹤（鹳？），面左低首衔一珠，其足下踏一鸟，此鸟展翅仰首亦衔一珠，此格上下有边框；左栏下格刻一水禽，长颈，左向曲颈向下，头部残缺，通身可见毛羽，双足立地，其身后可见一鸟首，此格可见上侧有边框；左栏上下格之间有一饰带，未见花纹。右栏上格刻一虎首神怪（一说与铺首形象有关），张口露齿，正面盘坐于地，双手上举，腿间可见其尾撑于地；下格刻一龙（？），嗔目张口露齿，头生双角及尖耳，肩背生翼，通身有斑纹，下部残缺；右栏上下格之间刻菱形纹饰带。
著录与文献	杨孝军：《徐州新发现一批汉代画像石考释》，《四川文物》2005年第6期，第57页，图4。
收藏单位	徐州汉画像石艺术馆

编号	JS-XZ-139(2)
时代	东汉
出土/征集地	
出土/征集时间	2005年征集
原石尺寸	84×33×75
质地	石灰岩
原石情况	原石呈长方形，下端残。
组合关系	
画面简述	此图为浅浮雕结合阴线刻。画面刻一虎，张口露齿，圆耳，肩背生翼，上行回首，一前足抵住上边框，其余三足抵左侧框。画面上、左、右三边可见框。
著录与文献	杨孝军：《徐州新发现一批汉代画像石考释》，《四川文物》2005年第6期，第57页，图4。
收藏单位	徐州汉画像石艺术馆

编号	JS-XZ-140
时代	东汉
出土/征集地	
出土/征集时间	2005 年征集
原石尺寸	46×278×40
质地	石灰岩
原石情况	原石呈长方形，右端残。
组合关系	
画面简述	此图为浅浮雕结合阴线刻。画面刻人物故事题材（一说为大禹治水图）。左端刻一树，树下一人面右，可见抬起一手，下身残缺；其右一人，戴冠着袍，肩背及袍角边缘弯卷，正面而立，转头向左，一手扶左者肩部，一手左抬；左三者（一说此人为大禹形象），头戴斗笠（？），着及地长袍，袍袖鼓张，面右站立，双手于身前扶一铲状器具，或为耒；左四一人似散发（头插羽冠？），袍袖鼓张，面右跽坐；左五者亦似散发（头插羽冠？），着及地长袍，袍袖鼓张，正面而立，转头面左，一手立掌于胸前，一手右伸，意在向居左者示意其右侧之人；左六一妇（？）人，梳发髻，着过膝长袍，右手提一饰网纹的篮（或包袱），左手抬起，以袖掩面，似在哭泣；左七者，着曳地广袖长袍，右侧衣角上翘，面右立，双手抬起，意接其右者怀中小儿；左八一人，散发（头插羽冠？），着曳地长袍，两侧衣角内卷，袍袖鼓张，怀中抱一小儿；居右端者亦散发（头插羽冠？），着曳地长袍，两侧衣角翻卷，袍袖鼓张，正面而立，转头左望，双手撑一杖于胸前；最右侧三人之间上部有弧形物（帷幔？）。画面四周有边框，上、左两边为双层框，框间填刻云纹。
著录与文献	杨孝军：《徐州新发现一批汉代画像石考释》，《四川文物》2005 年第 6 期，第 55 页，图 1；杨孝军、郝利荣：《徐州新发现的汉画像石》，《文物》2007 年第 2 期，第 86 页，图 14。
收藏单位	徐州汉画像石艺术馆

JS-XZ-140局部

编号	JS-XZ-141
时代	东汉
出土/征集地	
出土/征集时间	2005年征集
原石尺寸	47×257×30
质地	石灰岩
原石情况	原石呈长方形，右端残。
组合关系	
画面简述	此图为浅浮雕结合阴线刻。画面刻动物图像，左端为一人立状怪兽，张口露齿，圆耳长吻，长尾后扬，一手执左下方树桩（或荆棒），一手执其右龙尾；其右龙有长颈，肩背生翼，长尾弯曲上扬，尾部饰圆形斑纹，面右曲颈低首，其上可见一兽首张口向下噬咬；再右一虎（？），张口露齿，肩背生翼，长尾后扬，面右而行，下身弯折至颈部上方，抵上框；右端一虎（？），张口露齿，尖耳长颈，通身可见斑纹，肩背生翼，左向回身，低首噬咬其右下角一龙首，龙首可见长角，张口露齿；右上角可见一兽足。画面上、下、左三边有框，左侧为双层边框。
著录与文献	杨孝军：《徐州新发现一批汉代画像石考释》，《四川文物》2005年第6期，第59页，图8；杨孝军、郝利荣：《徐州新发现的汉画像石》，《文物》2007年第2期，第86页，图16；武利华：《徐州汉画像石通论》，北京：文化艺术出版社，2017年，第308页，图10-3。
收藏单位	徐州汉画像石艺术馆

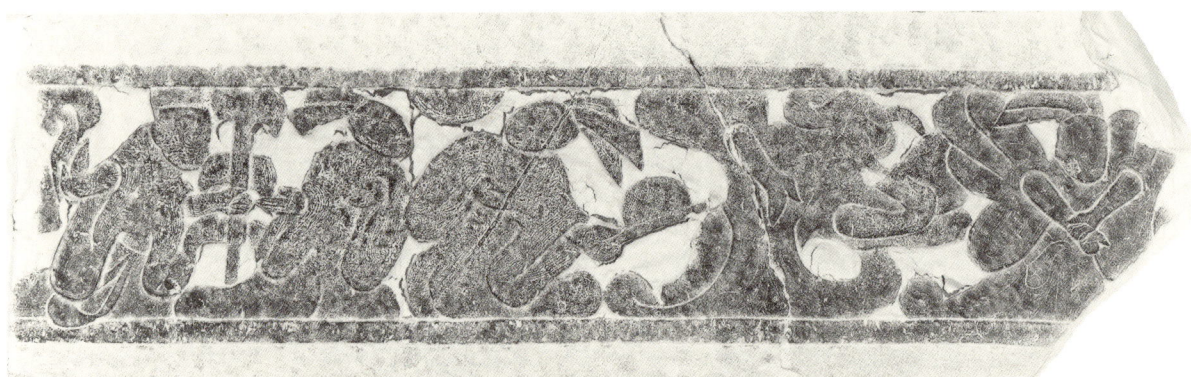

编号	JS-XZ-142
时代	东汉
出土/征集地	
出土/征集时间	2005年征集
原石尺寸	44×153×30
质地	石灰岩
原石情况	原石呈长方形，断为左右两块，两端皆残。
组合关系	
画面简述	此图为浅浮雕结合阴线刻。画面刻人物故事题材。左端一人，头戴武弁，着长袍，腰间系绶带，正面倾身坐于地，一手向左推出，一手持一斧（一说为节），其柄中部两侧上下有二饰（？）物（一说为支架）；其右一人，跽坐于地，面右侧首，抬手向左，似向其右者指示居左端者；其右一人面左而坐，散发（头插羽冠？），身体右倾，一手持便面；再右一人，袍袖鼓张，袖口上撸，腰有束带，长袍曳地；右端者袍袖鼓张，袖口上撸，双臂交叠，腰悬绶带，长袍曳地，面右而立。画面上、下两边有框。
著录与文献	杨孝军：《徐州新发现一批汉代画像石考释》，《四川文物》2005年第6期，第58页，图7；杨孝军、郝利荣：《徐州新发现的汉画像石》，《文物》2007年第2期，第87页，图18。
收藏单位	徐州汉画像石艺术馆

编号	JS-XZ-143
时代	东汉
出土/征集地	
出土/征集时间	2005年征集
原石尺寸	48×264×31
质地	石灰岩
原石情况	原石呈长方形，断为三块，左端残。
组合关系	
画面简述	此图为浅浮雕结合阴线刻。画面刻动物图像。左端一怪兽，头生双角及尖耳，身有斑纹，张口露齿，肩背生翼，右向回首；其对面一龙，长角长颈，肩背生翼，身有斑纹，右向蹲坐，一足前伸，回首噬咬左兽；左三一虎（？），长颈，肩背生翼，翼上探出一兽足，身有斑纹，右行向左下回身，噬咬左侧兽足，其身下一鸟长喙；其右刻一虎（？），长颈，肩背生翼，长尾后扬，身有斑纹，左向而行，曲颈向前噬咬左侧兽足；右端一兔，通身披鳞纹，其尾上扬，左行回首，其右上角亦刻一兔，可见长耳，向左下探身。画面四周有框，上、右两边为双层框，上边框间填刻连弧纹。
著录与文献	杨孝军：《徐州新发现一批汉代画像石考释》，《四川文物》2005年第6期，第59页，图9；杨孝军、郝利荣：《徐州新发现的汉画像石》，《文物》2007年第2期，第86页，图15；武利华：《徐州汉画像石通论》，北京：文化艺术出版社，2017年，第308页，图10-2。
收藏单位	徐州汉画像石艺术馆

编号	JS-XZ-144
时代	东汉
出土/征集地	
出土/征集时间	2005年征集
原石尺寸	44×132×31
质地	石灰岩
原石情况	原石呈长方形，左端残。
组合关系	
画面简述	此图为浅浮雕结合阴线刻。画面左侧刻双头鸟形象，两首分左右向外，各衔一丹丸（？），张开双翅，通身可见毛羽，双足立于地面；右侧刻一虎，嗔目张口露齿，圆耳，通身有斑纹，肩背生翼，长尾弯曲下垂，前足攀援右侧边框，后一足卧于地，一足后蹬。画面上、下、右三边有框，右侧为双边框。
著录与文献	杨孝军：《徐州新发现一批汉代画像石考释》，《四川文物》2005年第6期，第59页，图10；杨孝军、郝利荣：《徐州新发现的汉画像石》，《文物》2007年第2期，第85页，图13。
收藏单位	徐州汉画像石艺术馆

编号	JS-XZ-145(1)
时代	东汉
出土/征集地	
出土/征集时间	2005年征集
原石尺寸	113×83×34
质地	石灰岩
原石情况	原石呈长方形，左上角残。
组合关系	
画面简述	此图为浅浮雕结合阴线刻。画面分左右两栏，每栏分上下两格。左栏上格刻二人物图像，残缺较甚，仅可见左侧人物衣袍，右侧人物着及地长袍，拱手正面而立；左栏下格刻一人物（一说此人为大禹形象），头戴斗笠（？），两侧各坠一流苏，着及地长袍，正面而立，双手扶一铲状器具于身前，或为耒，此格画面上部左右两侧有连弧及垂挂状物（似为帷幔）。右栏上格刻一虎，圆耳，肩背生翼，身有斑纹，左向躬背向下回首，口中噬咬一兽腿，颔下长须向左侧延伸，末端呈旋涡状；右栏下格刻一虎首神怪（一说与铺首形象有关），圆耳，上身及前足饰鳞纹，后足饰条形斑纹，口中噬咬一棍状物，呈倒立姿态。左栏左右两边有框，上下两格间有一空白饰带；右栏上下有双层边框，上下格间亦有一空白饰带；右栏最下刻一菱形纹饰带，接左栏右侧边框。
著录与文献	杨孝军：《徐州新发现一批汉代画像石考释》，《四川文物》2005年第6期，第56页，图3。
收藏单位	徐州汉画像石艺术馆

编号	JS-XZ-145(2)
时代	东汉
出土/征集地	
出土/征集时间	2005年征集
原石尺寸	113×34×83
质地	石灰岩
原石情况	原石呈长方形,上端残。
组合关系	
画面简述	此图为浅浮雕结合阴线刻。画面刻一兽(头部残损不可见),肩生羽翼,后足可见五爪。左、右、下三边有框。
著录与文献	杨孝军:《徐州新发现一批汉代画像石考释》,《四川文物》2005年第6期,第56页,图3。
收藏单位	徐州汉画像石艺术馆

编号	JS-XZ-146(1)
时代	东汉
出土/征集地	
出土/征集时间	2005年征集
原石尺寸	71×113×26
质地	石灰岩
原石情况	原石呈三角形，断为两块。
组合关系	
画面简述	此图为浅浮雕结合阴线刻。画面主体刻一虎首神怪（一说为星君），此神怪张口露齿，圆耳，左向跨步，左足外有一物似为长尾，双手各执一鼓桴；四周有七个圆形物（一说为七星），边缘饰网状纹，并以饰波形纹的带状物连接；左、右下角各见一兽首向内探出，皆张口。画面三边有框。
著录与文献	杨孝军：《徐州新发现一批汉代画像石考释》，《四川文物》2005年第6期，第57页，图5。
收藏单位	徐州汉画像石艺术馆

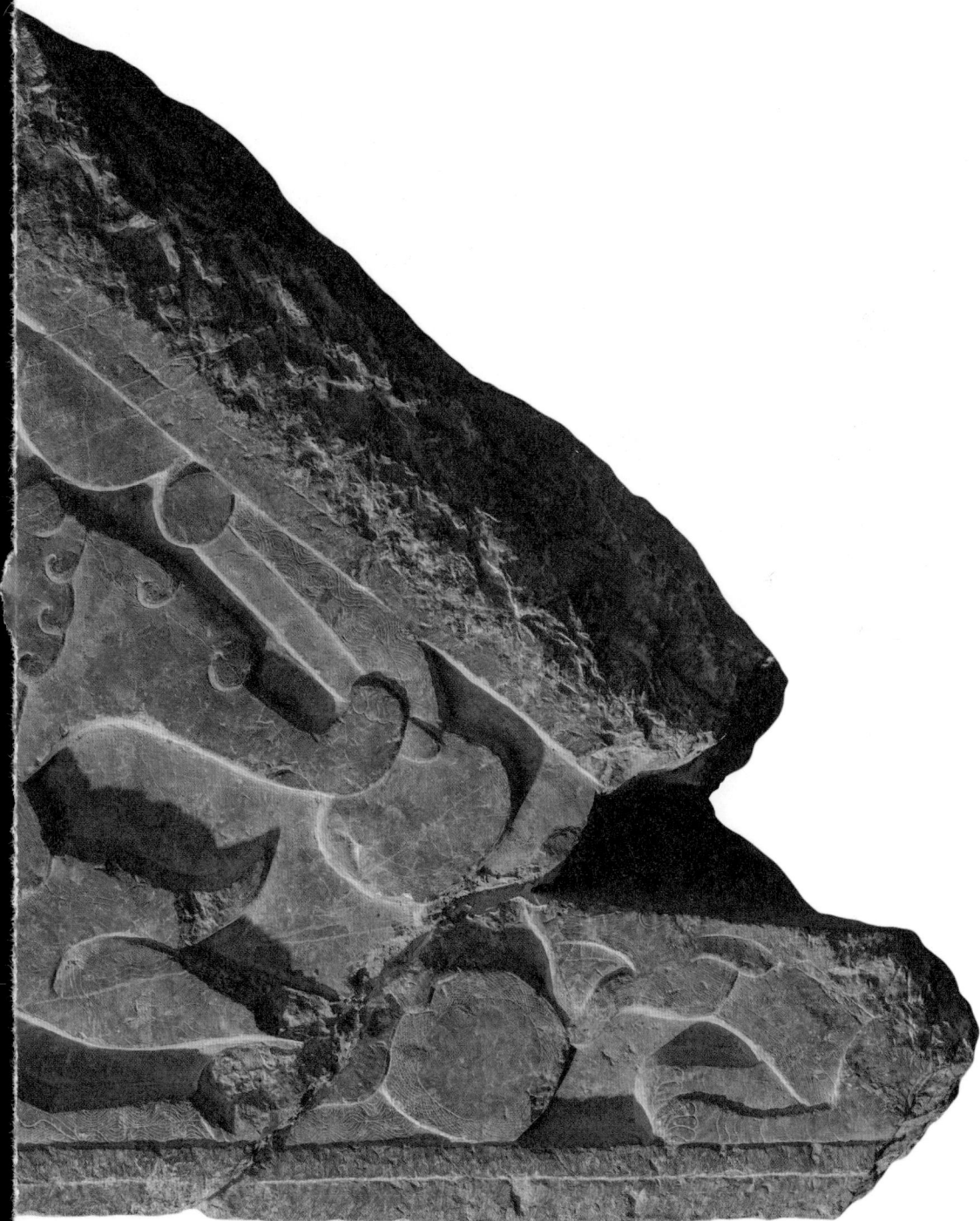

编号	JS-XZ-146(2)
时代	东汉
出土/征集地	
出土/征集时间	2005年征集
原石尺寸	26×113×71
质地	石灰岩
原石情况	原石呈长方形，断为左右两块。
组合关系	
画面简述	此图为浅浮雕结合阴线刻。画面刻二龙，皆张口面中而卧。龙首有角及长须，二龙口中间可见一五铢钱，钱上纵横线刻两组"五铢"铭文，龙皆三爪。四周有框。
著录与文献	杨孝军：《徐州新发现一批汉代画像石考释》，《四川文物》2005年第6期，第57页，图5。
收藏单位	徐州汉画像石艺术馆

编　号	JS-XZ-147(1)
时　代	东汉
出土/征集地	
出土/征集时间	
原石尺寸	45×80×26
质　地	石灰岩
原石情况	原石呈三角形，基本完整。
组合关系	
画面简述	此图为浅浮雕结合阴线刻。画面刻一怪兽，圆耳长角，肩背生翼，左向卧于地，回首右望，张口露齿。画面三边有框。
著录与文献	杨孝军、郝利荣：《徐州新发现的汉画像石》，《文物》2007年第2期，第84页，图11。
收藏单位	徐州汉画像石艺术馆

编号	JS-XZ-147(2)
时代	东汉
出土/征集地	
出土/征集时间	
原石尺寸	26×80×45
质地	石灰岩
原石情况	原石呈长方形，基本完整。
组合关系	
画面简述	此图为浅浮雕结合阴线刻。画面刻一有九尾狐（？），肩生双翼，口衔一物，左向而行。画面四周有框，框内可见连弧纹。
著录与文献	杨孝军、郝利荣：《徐州新发现的汉画像石》，《文物》2007年第2期，第84页，图11。
收藏单位	徐州汉画像石艺术馆

编号	JS-XZ-148(1)
时代	东汉
出土/征集地	
出土/征集时间	
原石尺寸	45×80×26
质地	石灰岩
原石情况	原石呈三角形，基本完整。
组合关系	
画面简述	此图为浅浮雕结合阴线刻。画面刻一正面虎首（？）神怪（一说与铺首形象有关），头顶有圆耳，两耳中间可见独角（一说为尾尖），嗔目张口。头部两侧各一足外伸，抵于两侧边框，足踝处有长毛。画面三边有框。
著录与文献	杨孝军、郝利荣：《徐州新发现的汉画像石》，《文物》2007年第2期，第84页，图10。
收藏单位	徐州汉画像石艺术馆

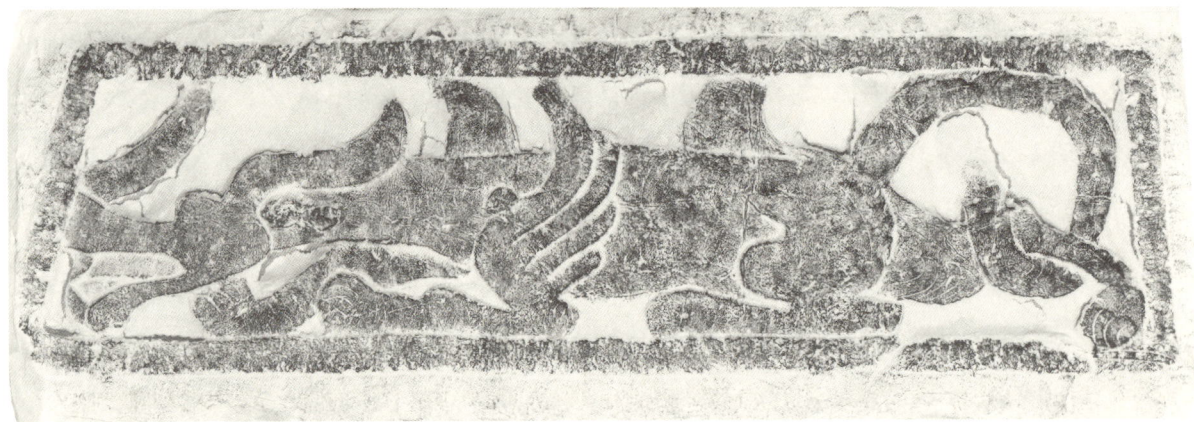

编号	JS-XZ-148(2)
时代	东汉
出土/征集地	
出土/征集时间	
原石尺寸	26×80×45
质地	石灰岩
原石情况	原石呈长方形，基本完整。
组合关系	
画面简述	此图为浅浮雕结合阴线刻。画面刻一龙，长角，肩背生翼，长尾绕一后足，左向而行。画面四周有框。
著录与文献	杨孝军、郝利荣:《徐州新发现的汉画像石》,《文物》2007年第2期，第84页，图10。
收藏单位	徐州汉画像石艺术馆

编号	JS-XZ-149
时代	东汉
出土/征集地	
出土/征集时间	
原石尺寸	84.1×80×17.2
质地	石灰岩
原石情况	原石呈方形，基本完整。
组合关系	
画面简述	此图为浅浮雕。画面刻一中心对称图案，其中间一圆形突出，四斜向对角线处各立一箭头状物；上下部各立一水滴状物，左右两侧各一菱形。画面四周有框。
著录与文献	
收藏单位	徐州汉画像石艺术馆

编号	JS-XZ-150(1)
时代	东汉
出土/征集地	
出土/征集时间	2005年征集
原石尺寸	69.7×76×29
质地	石灰岩
原石情况	原石呈三角形，一角残。
组合关系	
画面简述	此图为浅浮雕结合阴线刻。画面刻一虎首（？）神怪（一说与铺首形象有关），头顶双角，张口露齿，通身有毛，鼓腹圆脐，左向跨步，左侧残损不可见。画面三边有框。
著录与文献	杨孝军：《徐州新发现一批汉代画像石考释》，《四川文物》2005年第6期，第58页，图6。
收藏单位	徐州汉画像石艺术馆

编号	JS-XZ-150(2)
时代	东汉
出土/征集地	
出土/征集时间	2005年征集
原石尺寸	
质地	石灰岩
原石情况	原石呈长方形，右侧残。
组合关系	
画面简述	此图为浅浮雕结合阴线刻。画面左侧刻一凤（鸾？）鸟，长喙，头生羽冠，一翅张开，一翅收拢，尾分三歧；其右似为玄武，可见一龟首前伸，一足前探，一蛇绕龟颈，蛇首生双耳，并与龟口吻相接。画面右侧残损不可见。上缘一垂幔（？）内饰网状肌理，另有一弧线形物垂下。画面上、下、左三边可见框。
著录与文献	杨孝军:《徐州新发现一批汉代画像石考释》,《四川文物》2005年第6期, 第58页, 图6。
收藏单位	徐州汉画像石艺术馆

编号	JS-XZ-151(1)
时代	东汉
出土/征集地	
出土/征集时间	
原石尺寸	65.5×92×20
质地	石灰岩
原石情况	原石呈三角形，基本完整。
组合关系	
画面简述	此图为浅浮雕。画面刻云气图案。画面三边有框。
著录与文献	
收藏单位	徐州汉画像石艺术馆

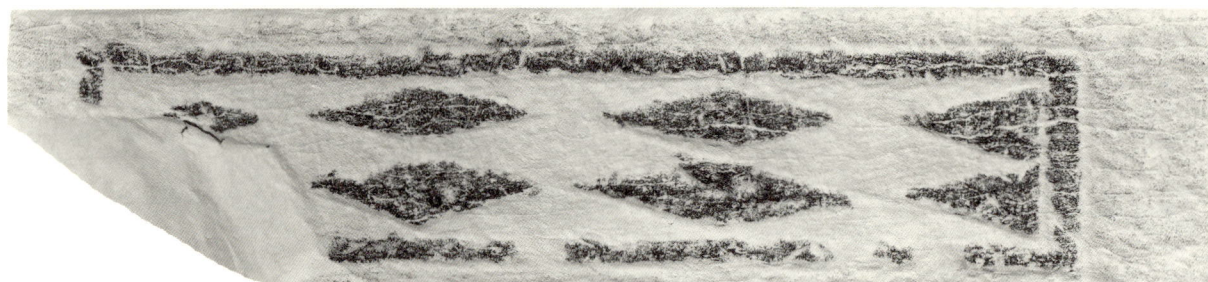

编号	JS-XZ-151(2)
时代	东汉
出土/征集地	
出土/征集时间	
原石尺寸	20×92×65.5
质地	石灰岩
原石情况	原石呈长方形，左下角残。
组合关系	
画面简述	此图为浅浮雕。画面刻两行菱形纹，左下角残损。画面四周有框。
著录与文献	
收藏单位	徐州汉画像石艺术馆

编号	JS-XZ-152
时代	东汉
出土/征集地	新沂市炮车乡出土
出土/征集时间	
原石尺寸	113×96×17
质地	石灰岩
原石情况	原石为圆雕石柱，断为三块。
组合关系	
画面简述	该石为高浮雕、浅浮雕结合透雕的墓窗石。画面右侧刻一楝柱，柱头位置上刻一鸟，面前可见三颗星斗（？）；下亦有一鸟，振翅回首；柱身有分层处理，柱下高浮雕卧（？）羊柱础。右上方以透雕技法刻一墓窗，窗口由外至内分为三层梯级窗框，内应刻有三道（截面为三角形？）竖直窗棂，现已毁损，只余上缘残迹及一空洞；方窗四周最外侧边框刻有云纹，下边框另有一层凸起，刻有连弧纹。窗上方一格画面，左端刻一女子立（？）纺车前纺纱，头梳高髻，发间插簪（？），身着窄袖长裙，朝纺车微微俯身，一手置于腰间，一手伸向纺车；纺车右侧立一杆，其与纺车绳轮之间架一横杆，横杆下方置三丝筐，各有一根丝缕抽出，拧为一股，绕过横杆，套在纺车底座上的纱锭之上，再绕于绳轮之上；竖杆之右有一深裂缝，此处图像漫漶不清；再右一女子，头梳高髻，身着宽袖左衽长裙，双手高举，衣裙飘舞（？）；其右为一女子坐脚踏斜织机前织布，鬓旁插簪，脚踩踏杆，左手从身边的筐中抽出线，右手拧经轴轴牙；最右端为一人面左跽坐，头戴进贤冠，身着长袍，手持一鼓形物不明。方窗左侧一格画面刻二龙相对交缠，皆头生角，口张开，身有鳞，昂首向上，从上至下分别交缠为一个环形、三个"八"字形；此格顶部二龙首之间有一云纹。方窗下方分两格，上格正中刻一梯形拱（？）桥；桥左右各有一人骑马上桥，相向而行，二人皆头戴武弁；桥中间有一神怪（一说为蟾蜍），身形高大，正面而立，四肢张开，口露尖齿。下格左刻一羽人，右足抬起，一手提一串丹丸（或珠串），六丸（珠）以一绳串为环节；羽人之左有一鸟伏地，尾高高翘起，一爪抓握羽人左足；羽人右端立一凤鸟，头生羽冠，尾分三歧，口衔丹丸（珠串）顶端一颗。两格之间的分隔带上刻云纹。画面四周有框。
著录与文献	徐毅英主编《徐州汉画像石》，北京：中国世界语出版社，1995年，第40页，图44；徐州汉画像石艺术馆编著《徐州汉画像石》，北京：线装书局，2004年，第101页，图101。
收藏单位	徐州汉画像石艺术馆

JS-XZ-152局部

JS-XZ-152局部

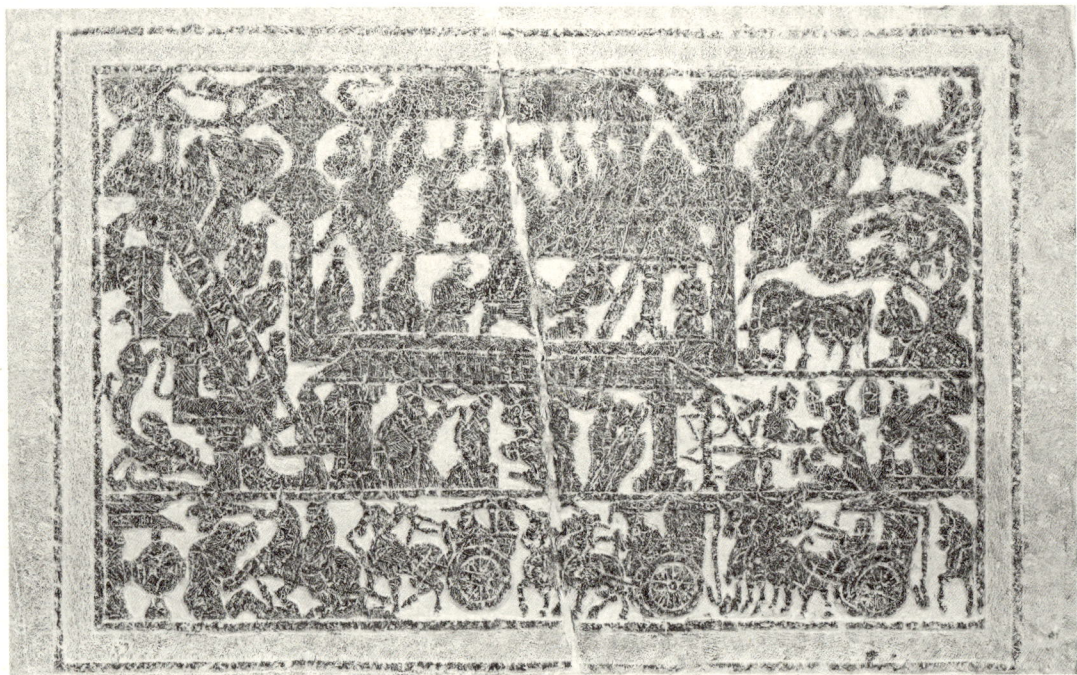

编号	JS-XZ-153
时代	东汉
出土/征集地	
出土/征集时间	
原石尺寸	75×132×20
质地	石灰岩
原石情况	原石呈长方形，断为左右两块。
组合关系	

画面简述　此图为浅浮雕，画面略有漫漶，部分形象不易辨认。画面分上下两格。上格中央刻一座三层楼阁（？）式建筑物，三层皆有四坡屋顶，且面宽由上至下逐层加大。上层檐下双柱支撑，柱头可见栌斗（或多层替木）状结构，柱间数个人物，但具体形象已不可辨；中层亦以双柱承檐，柱头同样置栌斗（或多层替木）状结构，柱下有多层柱础，右侧柱身似饰斜线纹，柱间可见二人对坐六博（？），二人之间可见博局（？），居左者身后一侍者，居右者身后一梯（通向上层），两柱外侧各一人垂手而立；建筑两侧各有一双层阙，阙身基础与建筑台基连为一体；下层同样以双柱承檐，柱上承栌斗（或多层替木）状结构，柱下有多层柱础，左侧柱身饰斜线纹，檐下置垂幛，柱间可见一尊者右向跽坐，对面一人持笏（？）拜谒，身后二人亦持笏（？）伏拜，再后一梯（通向上层），梯旁似为一人（？），形象不明。建筑右侧画面又分上下两格，其中上格位于建筑中层右阙之右，画面右侧一树，树上立一凤鸟，头生羽冠，尾分四歧，凤鸟左侧有一鸟向下飞（？），树下一人，左向抬手恭立，其面前一马低首在马槽中进食；下格为纺织场景，左侧有一人坐脚踏斜织机前织布，回身取线（？），其右为一人拱手而立，最右端为一女子在纺车前纺纱，三人之间各悬挂一丝筐，纺纱女右侧悬挂二丝筐。建筑左侧为一座挑栱水榭，水榭上有四坡顶亭阁

（？），内似坐一人；其侧下方斜置一楼梯，并可见侧面栏楯，似五人（？）正拾级而上，另有二人列立于旁待上；亭阁下方楼梯左侧可见双层"L"形挑栱，其下为一矮柱（蜀柱），下层栱端和柱顶皆置栌斗（或多层替木）状结构，栱及柱身有饰边，内填斜线纹；楼梯下方另有一矮柱，上下收分明显；挑栱左侧上方可见二鱼上游（一说为坐于亭阁者钓中），其下一长尾兽（一说为龙）口衔一鱼，另有一鱼（？）处于两矮柱之间，但形象不清晰。下格左端刻一四坡顶亭（或门房）的右半边，檐柱下有柱础，柱中央置一（建）鼓，一人（门吏？）立于鼓前；其右另有一门吏拱手躬身右向迎逅，其上方有一飞鸟；门吏之右为车马行列，从右向左行进；最前为一导骑，其

著

后为一辆一马轺车，马颈套车轭，马身驾车辕，车轮八辐，车厢内有一御者、一乘者，御者双手执缰绳；其后为一辆二马施维轩（或軨？）车，马颈套车轭，马身驾车辕，车轮八辐，可见御者，双手执缰绳；其后为一辆三马施维轩（或軨？）车，马颈套车轭，马身驾车辕，车轮八辐，可见御者双手执缰绳；最后为一马，仅见前半身。画面四周有双层框，框间填刻菱形线纹。

录与文献

收藏单位　　徐州汉画像石艺术馆

JS-XZ-153局部

JS-XZ-153局部（与原石等大）

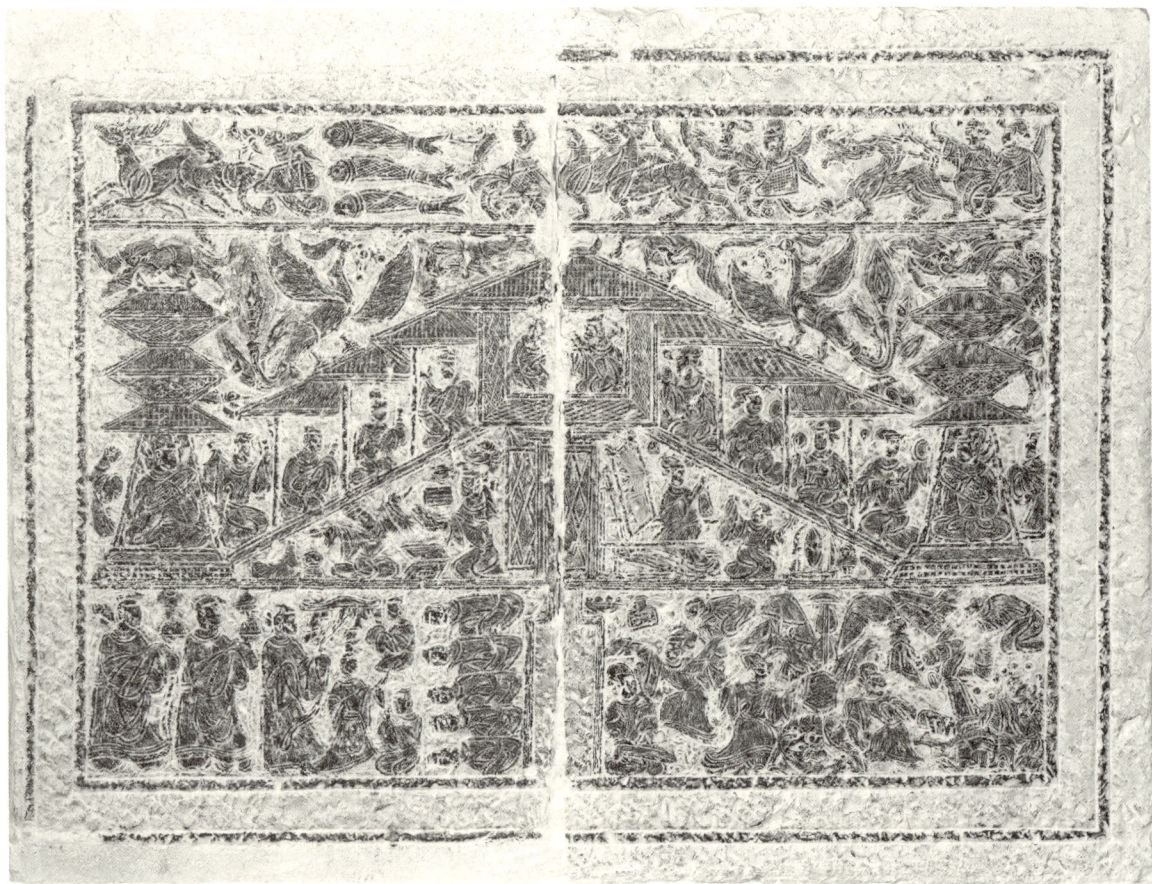

编号	JS-XZ-154
时代	东汉
出土/征集地	
出土/征集时间	
原石尺寸	85×113×18
质地	石灰岩
原石情况	原石呈长方形，断为左右两块。
组合关系	
画面简述	此图为浅浮雕。画面分上、中、下三格。上格为仙人出行，从右至左行进，左端为一鹿拉一车，鹿生角，云气为轮，车上坐一仙人，肩生羽翅，车上立一鸟；其后为三鱼拉一车，云气为轮，车上坐一仙人；其后为二虎拉一车，虎皆肩生翼，右虎背上立一鸟，云气为轮，车上一御者、一乘者，乘者肩生羽翅；再后为一龙拉一车，龙肩生翼，云气为轮，车上一御者、一乘者，乘者肩生羽翅。中格为建筑人物场景，一说为两侧设坡道的台阁式建筑，一说为呈透视效果的围合式院落；其画面中央上部为一四坡顶建筑物，正脊上翘，瓦垄清晰，垂脊两侧各立一兽；檐下两侧壁面可见菱形纹饰，下部壁面则饰菱形线纹，内有二人对坐；中央建筑物画面左右两侧斜下方各刻三个廊庑顶，屋顶上各立一展翅凤鸟，头生羽冠，尾分三歧；左右廊下各立三细柱，

柱下为双层边框的底边，框间填刻琐纹；左右廊柱间各坐四人；左廊左端一人双手举起，一手执笏，上身直起，回首向后，其余三人皆拱手躬身，双手执笏，面中踞坐；右廊则为四女子，皆头梳高髻，从左至右，第一人拱手躬身，双手持一圆形物（一说为镜，一说为便面），面中踞坐，第二人左手举起一圆形物（一说为镜，一说为便面），上身直起，回首向后，第三人右手举起一圆形物（一说为镜，一说为便面），面中踞坐，第四人左手举起一圆形物（一说为镜，一说为便面），上身直起，回首向后；廊庑左右各立一三重檐阙，阙顶皆立一凤鸟（？），其上两重阙顶下方（楼部）反斜面饰菱形纹，阙身上下收分明显，外有边框，内各刻一门吏捧盾踞坐，再下为双层台基；画面中央建筑物下方有两扇门，门上有菱形纹；门左侧可见二人相对踞坐，具体活动不易判断，其中居左者双臂张开，头稍后倾，居右者手平伸，似持一物，二人周边可见几案（？）、耳杯、册筹（？）、彗（？）等物；门右为纺织场景，左为一女子坐脚踏斜织机前织布，回身从一丝筐中取线，其左上方悬一丝筐，右为一女子跪坐纺车前纺纱，回身左望，右手高举，二女子皆头梳高髻，纺车之右有二丝筐。下格中央为一"凸"字形（铭文）框，框左为人物行列，左端四人面右站立，皆身着长袍，其中第四人长袍及地，其余三人长袍及踝，左三人身形高大，其中左二人拱手持节，第三人拱手持华盖，第四人身形矮小，立于华盖之下，束发无冠，应为孩童；孩童之右有二人面左踞坐，皆头戴进贤冠，双手执笏而拜；身后为五人左向伏拜，此场景一说为周公辅成王故事；框右为乐舞百戏场景，左下为一女子跪坐鼓瑟（抚琴？），瑟（或琴）置于膝头；其右为一女子双手高举作袖舞（一说巾舞或公莫舞），长袖甩出，翩翩起舞，二女子皆头梳高髻；舞者右上方有一人朝左伏拜，其前方有一壶（？）、一盘及盘中四果；中央为一建鼓，顶部有华盖，华盖之下有二层羽葆，鼓下为虎座，鼓左右各有一着长裙者击鼓而舞；右下角一人表演跳丸，右上角为一人朝左跪拜；其余形象不易辨。画面四周有双层框。

著录与文献

收藏单位　　徐州汉画像石艺术馆

JS-XZ-154局部（与原石等大）

JS-XZ-154局部（与原石等大）

JS-XZ-154局部（与原石等大）

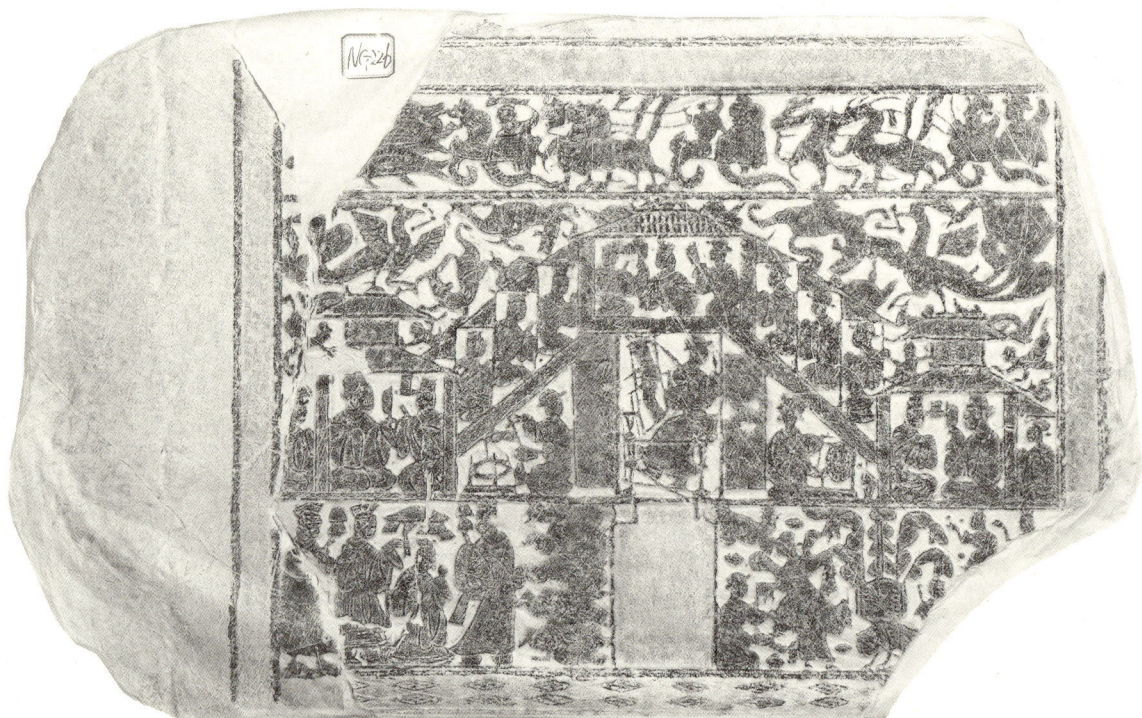

编号	JS-XZ-155
时代	东汉
出土/征集地	铜山区张集镇征集
出土/征集时间	
原石尺寸	90×148×16
质地	石灰岩
原石情况	原石呈长方形，残为左右两块。
组合关系	
画面简述	此图为浅浮雕。画面分上、中、下三格。上格为仙人出行，从右至左行进，左端残损，其右为三鱼拉一车，云气为轮，车上一神怪御车，车厢中坐一仙人，仙人肩生羽翅；其后为二虎拉一车，虎皆四肢生翼，云气为轮，车上一御者、一乘者，御者肩生羽翅；最后为二龙拉一车，龙皆头生角，颌下有须，四肢生翼，云气为轮，车上一御者、一乘者，皆为女子，头梳高髻，肩生羽翅。中格为建筑人物场景，一说为两侧设坡道的台阁式建筑，一说为呈透视效果的围合式院落；画面中央上部为一四坡顶建筑物，正脊及垂脊末端上翘，瓦垄清晰，垂脊两侧各立一鸟（？）；檐下及底部壁面呈"∪"形，内可见三人跽坐，其中居左者右向持笏，居右者左向持便面；中央建筑物画面左侧斜下方刻绘四个三角形廊庑顶，上方二兽一鸟（？）；右侧斜下方刻三个三角形廊庑顶，上方一兽一鸟（？）；左廊庑下三人持笏（？）面中跽坐；右廊下人似为女性，拱手面中跽坐；左右廊下皆可见底边；廊庑左右各一四坡顶亭式建筑，其顶部皆设一阁楼式天窗（？），天窗亦为四坡顶，侧面窗口内为菱形斜棂；天窗顶皆立一凤鸟，头生羽冠，尾分三歧，口

JS-XZ-155局部（与原石等大）

中衔丹丸（珠串），亭顶左右皆有一猴攀爬；左亭内有二人相对跪坐，皆头戴进贤冠，居左者手持便面，居右者双手执笏，二人之间似有一题榜（？），一说为卮，亭左有一人踞坐；右亭内有二人相对跪坐，皆头戴进贤冠，居右者手持便面，居左者拱手躬身，二人之间似有一题榜（？），一说为卮，亭右可见挑出一檐口，下有一人踞坐；梯形台基中央有两扇门向左右敞开，门扉填刻菱形网状纹理；门内为一女子坐脚踏斜织机前织布，门左为一女子跪坐于络车前调丝，双手抬起，提起一篝子，门右为一女子跪坐于纺车前纺纱，三女子皆头梳高髻，发间插簪。下格中央为一"凸"字形（铭文）框；框左为人物场景，左端一人似持节，其右者持华盖，再右者身材较小，似为儿童，对面一人拱手持节拜谒，四人皆戴冠着袍，再右为五人面左伏拜，此场景一说为周公辅成王故事；框右为乐舞百戏场景，左下为一女子右向踞坐，其右上方有一女子高举双臂，似在跳踏盘舞，四周摆四圆盘，二女子皆头梳高髻，发间插簪；框右中央为一建鼓，鼓架顶为华盖，华盖之下有二层羽葆，鼓下似为虎座，鼓左右各有一人持桴击鼓，右上有二人跳丸，右下角残损不可见。画面四周有双层框，上边框间填刻涡卷线纹，下边填刻双层菱形纹。

著录与文献 徐州汉画像石艺术馆编著《徐州汉画像石》，北京：线装书局，2004年，第103页，图103。

收藏单位 徐州汉画像石艺术馆

JS-XZ-155局部（与原石等大）

JS-XZ-155局部（与原石等大）

JS-XZ-155局部（与原石等大）

JS-XZ-155局部（与原石等大）

JS-XZ-155局部

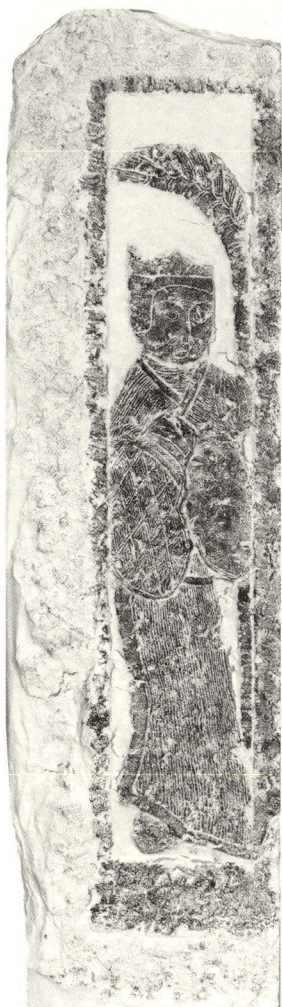

编号	JS-XZ-156
时代	东汉
出土/征集地	
出土/征集时间	
原石尺寸	107×35×20
质地	石灰岩
原石情况	原石呈长方形，基本完整。
组合关系	
画面简述	此图为浅浮雕。画面刻一门吏持彗面右而立，头戴介帻（？），唇上有须，身着直裾长袍，腰束带，袍角施缘，露出右足，右袖填刻菱形套环纹。画面四周有框。
著录与文献	
收藏单位	徐州汉画像石艺术馆

编号	JS-XZ-157
时代	东汉
出土/征集地	
出土/征集时间	
原石尺寸	98×26×22
质地	石灰岩
原石情况	原石呈长方形，下端裂为两块。
组合关系	
画面简述	此图为浅浮雕。画面刻一门吏捧盾躬身面右而立，头戴武弁，两腮有垂髯（？），身着长袍，大袖垂胡，露出双履；左上角有一鸟垂首。画面四周有框。
著录与文献	
收藏单位	徐州汉画像石艺术馆

编号	JS-XZ-158
时代	东汉
出土/征集地	
出土/征集时间	
原石尺寸	103×47×11
质地	石灰岩
原石情况	原石呈长方形，断为两块。
组合关系	
画面简述	此图为浅浮雕。画面刻一人拱手（似持一物不明）而立，头戴网状武弁，唇上有须，身着及地交领长袍，大袖垂胡。画面上、左、右三边有双层框，框间填刻连弧纹。
著录与文献	
收藏单位	徐州汉画像石艺术馆

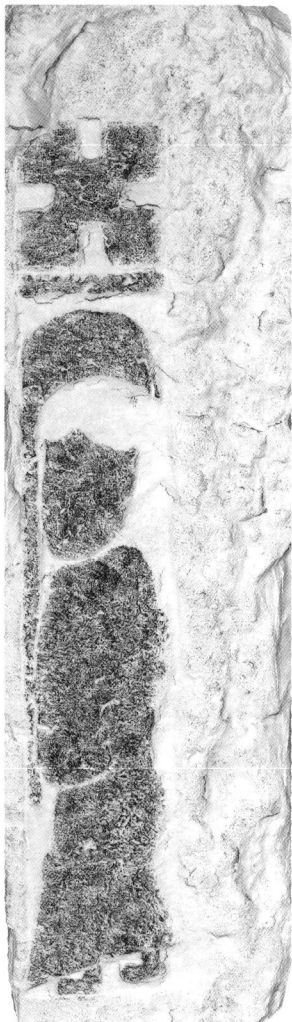

编号	JS-XZ-159
时代	东汉
出土/征集地	
出土/征集时间	
原石尺寸	103×31×24
质地	石灰岩
原石情况	原石呈长方形，基本完整。
组合关系	
画面简述	此图为浅浮雕。画面分上下两格。上格刻一柿蒂纹，四瓣分别指向此格的四角；下格刻一门吏，持彗面左而立，头戴介帻（？），身着长袍，露出双履。画面四周有框。
著录与文献	
收藏单位	徐州汉画像石艺术馆

编号	JS-XZ-160
时代	东汉
出土/征集地	
出土/征集时间	
原石尺寸	86×240×26
质地	石灰岩
原石情况	原石呈长方形，断为左右两块。
组合关系	
画面简述	此图为浅浮雕。画面刻四人，从左至右，第一人为力士蹶张，力士戴冠，唇上有须，双目圆睁，衣袖鼓张，双脚踏弩，双手拉弦，将弩拉开，衣袖及袍角末端卷翘；第二人面左而立，头戴物不明，身着过膝长袍，颌下胡须前伸，屈膝躬身，双臂张开，双手露于袖外；第三人面右而立，身着长袍，唇上、颌下皆有须，双臂屈起，衣袖撸起，双手露于袖外；第四人亦面右，头戴进贤冠，身着长袍，颌下有须，怀抱一棒（一说为吾）。
著录与文献	
收藏单位	徐州汉画像石艺术馆

编号	JS-XZ-161
时代	东汉
出土/征集地	
出土/征集时间	
原石尺寸	64×246×26
质地	石灰岩
原石情况	原石呈长方形，断为左右两块。
组合关系	
画面简述	此图为浅浮雕。画面刻人物行列，共十三人拱手躬身而立，从左至右，除第一、第十二人朝右外，其余皆朝左。十三人皆头戴进贤冠，身着交领长袍，除第三、第四、第九、第十一、第十二人长袍及地外，其余皆露出双足。第二人腰间佩（形似弯刀状）剑。该场景一说为孔子见老子，一说为孔门弟子像。画面四周有双框，上、左、右三边填刻卷云纹，下边填刻菱形斜线纹。
著录与文献	
收藏单位	徐州汉画像石艺术馆

编号	JS-XZ-162
时代	东汉
出土/征集地	
出土/征集时间	
原石尺寸	101×190×16
质地	石灰岩
原石情况	原石呈长方形，残为上下两块。
组合关系	

画面简述　此图为浅浮雕。画面分上、中、下三格，上格左侧为一组空间上呈前后关系的建筑物，其中央为一四坡顶厅堂式建筑，正脊两端上翘，中立一凤鸟（？），瓦垄清晰，檐下双柱，柱上皆承一斗二升栾栱，檐下中部垂幔；两柱间可见二人对坐，中置樽（？）及盘，柱外檐下各一小一大二人（一说小者为儿童），皆面中而立；此建筑之后（画面两侧）可见屋顶，其正脊两端亦上翘，垂脊各立一鸟（或兽），瓦垄清晰，其檐下仅右侧可见一柱，柱上承一斗二升栾栱；再后（画面上方）可见双阙，但具体形象漫漶不易辨识；这组建筑之右有一长方形（铭文）框，框内空白；框下有六人拱手跽坐；框右再分上、中、下三格，上格刻一兽（？）；中格为纺织场景，左为一女子坐脚踏斜织机前织布，右为一女子坐纺车前纺纱，纺车上方有一横杆，横杆下置一丝筐，丝缕从中抽出，绕过横杆，套在纺车纱锭之上，横杆上亦悬一丝筐；下格左有三人面右跽坐，皆头戴进贤冠，右立一人持桴击鼓（？），下有一鸟。中格刻人物行列，从左至右共十八人，皆身着长袍，第十八人仅见半边身体，除第十四人持彗，第十六、第十七人执笏外，其余皆拱手躬身而立。下格从左至右为一虎、一马、一有翼虎、一象，虎上方有一飞鸟，象背上坐一人，持杆（钩？）驯象；右端为二人相对而立，居右者高，头梳发髻，应为女子，二人左侧有一瓮上立一犬（？），女子右方有一方形物；画面间填刻云气纹补白。画面左、下两边有双层框，框间填刻双层菱形纹。

著录与文献	
收藏单位	徐州汉画像石艺术馆

126

JS-XZ-162 局部

JS-XZ-162局部（与原石等大）

编号	JS-XZ-163
时代	东汉
出土/征集地	
出土/征集时间	
原石尺寸	79×161×17
质地	石灰岩
原石情况	原石呈长方形，基本完整。
组合关系	

画面简述　此图为浅浮雕。画面分上下两格。上格中央刻一座楼阁（一说为一组两座前后排列的）建筑，其画面上部房屋为四坡顶，正脊长直，檐下左右各一细立柱（一说为墙壁端面）承檐，其左右各伸出一龙首，引颈回首而望，室内六人踞坐；该房屋与下方建筑正脊等宽，下部建筑亦为四坡顶，垂脊左右各一猿及二鸟；檐下左右各一细立柱（一说为墙壁端面）承檐，檐下垂幔；建筑内分上下两层，上层可见七人端坐；下层八人，左侧五人右向，右侧三人左向，皆戴冠着袍；建筑左右各立一三层阙；阙左侧再分上下两格，上层为一人持锤（或鞭？）左向奔跑，其面前一牛、一兽（或为羊或驴？）皆低首而立。下格为人物场景，六人皆身着长袍，左四人朝右拱手而立，右二人朝左而立，其居右二者持笏；左阙与建筑之间另有一人躬身拱手面左而立；右阙与楼房之间架着五矛四盾；阙右有一树，树与阙之间有四人拱手躬身而立，皆头戴进贤冠，其中左起第一人朝右，其余皆朝左；树上立一凤鸟，头生羽冠，尾分四歧，其前有一羽人手提丹丸（珠串）喂鸟，羽人身后另有二鸟。下格左端刻一四坡顶亭（或门房）的右半边，檐柱下有柱础，柱中央有一建鼓，一人立于鼓前击鼓；建鼓之右有一门吏捧盾躬身迎迓；其右为车马行列，从右向左行进；最

前为一导骑，其后为一辆一马轺车，马颈套车轭，马身驾车辕，车轮八辐，车上有一御者、一乘
者；其后为一辆二马轩（或軿）车，马颈套车轭，马身驾车辕，车轮八辐，可见御者，双手执缰绳；
再后为一辆一马轺车，马颈套车轭，马身驾车辕，车轮八辐，车上有一御者、一乘者；最后为一
辆一马轺车，马颈套车轭，马身驾车辕，车轮八辐，车上有一御者、一乘者。画面四周有三层框，
框间填刻菱形线纹。

著录与文献

收藏单位　　徐州汉画像石艺术馆

JS-XZ-163局部（与原石等大）

JS-XZ-163 局部

编号	JS-XZ-164
时代	东汉
出土/征集地	
出土/征集时间	
原石尺寸	85×58×22
质地	石灰岩
原石情况	原石呈长方形，断为上下两块。
组合关系	
画面简述	此图为浅浮雕。画面分上下两格。上格左上角有四层几案叠置，案侧可见波形纹饰；其右有三人，中央一人仅见上半身，居左者右手抬起，居右者双手托举一案，案上另有一壶。下格左端为一灶，灶上架一甑，灶前有一人跪地为炊事；其身后有一臼（？），臼旁跪一人，抬手伸向臼内；右端立一人，手提一长绳状物，意义不明；上方从左至右以绳悬一鱼、一个三角矩状物（一说为置物架）、一方形物（一说为席）、一带杆三角形物（一说为犁头）。画面四周有双层框，框间填刻连弧纹。
著录与文献	
收藏单位	徐州汉画像石艺术馆

JS-XZ-164局部（与原石等大）

JS-XZ-164局部（与原石等大）

编号	JS-XZ-165
时代	东汉
出土/征集地	
出土/征集时间	
原石尺寸	134×118×17
质地	石灰岩
原石情况	原石呈长方形，残为上下两块。
组合关系	
画面简述	此图为浅浮雕。画面分上下两格，之间以花纹带相隔，花纹带上排为三角形纹和斜线纹，下排为波形纹。上格画面内容分两排，下排左端为一灶，灶上置甑，灶前一人为炊事，其上方有二飞鸟和一盆状物；中央为二人共抬一缸状器物；右侧有一人双手各按盘（？）倒立，旁边有二人观看；上排左端悬挂二猪腿（一说为火腿）、二鱼，其右为一人举刀杀牛（？），牛已倒地，可见一角，右端二人踞坐（？）。下格左端为一人面右躬身而立，头戴武弁，身着长袍，双手捧盾呈迎迓状；其右为车马行列，从右向左行进，前为一辆一马轩（或輧）车，马身驾车辕，车轮八辐；其后为一辆一马轺车，马身驾车辕，车轮八辐，车上有一御者、一乘者，乘者头戴进贤冠；上方云气缭绕，云气末端生出鸟首。画面四周有三层框；内层框间左、右、下三边填刻双层菱形纹和斜线纹，上边填刻连弧纹；外层框间填刻斜线纹。
著录与文献	
收藏单位	徐州汉画像石艺术馆

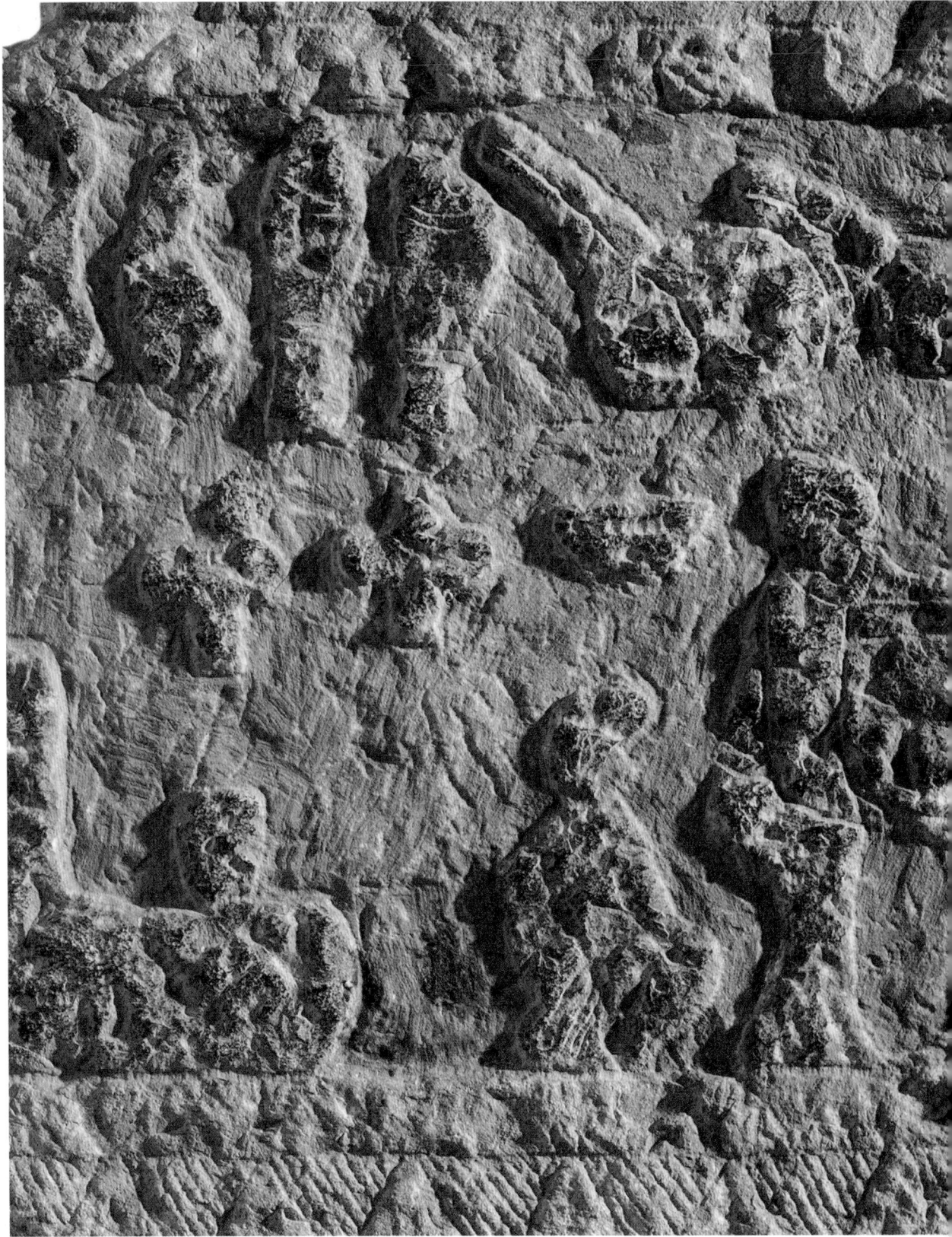

JS–XZ–165局部

JS-XZ-165 局部

编号	JS-XZ-166
时代	东汉
出土/征集地	
出土/征集时间	
原石尺寸	80×163×10
质地	石灰岩
原石情况	原石呈长方形，左侧残，右侧残损严重。
组合关系	

画面简述　此图为浅浮雕。画面左侧刻舂米场景，地上立一碓架，碓身斜架于上，碓头有杆杵，二人手扶碓架，蹬踩碓尾；碓头下方置一盆，盆前一人跽坐，头梳高髻，双手持杵；碓身下立一人，手撑碓架；蹬踩碓尾者上方悬挂一提篮、一束稻草；碓头之上有一兔脯（？）四肢张开，其右以绳悬二鱼。右侧为喂鸡场景，一人双手持一竖起的竹筛，其右一人将手中竹篓向下，倒出其中的饲料，居左者头戴介帻，居右者头梳高髻，发间插簪，二人上方云气缭绕；右方有鸡群向饲料奔来，包括一公鸡、二母鸡、四小鸡，另有二飞鸟向下飞来。画面上、下、右三边有双层框，上、右边框间填刻十字穿环纹，下边框间填刻连弧纹。

著录与文献

收藏单位　徐州汉画像石艺术馆

JS-XZ-166局部

JS-XZ-166局部（与原石等大）

编号	JS-XZ-167
时代	东汉
出土/征集地	
出土/征集时间	
原石尺寸	72×216×28
质地	石灰岩
原石情况	原石呈长方形，断为左右两块。
组合关系	
画面简述	此图为浅浮雕结合线刻。画面整体分为左、中、右三组场景。左侧场景分上下两排，上排左端为一翼虎，其右为一人持橹左向撑船，头戴进贤冠，其右方有一鸟；船下有三鱼、二水鸟（？），鱼周围有三圆形物（一说为水泡）；船右为一有翼奔鹿，头生双角，其上方、右方各有一鸟，再右为一龙；奔鹿下方有三鸟，其中一凤鸟只见鸟首，头生羽冠，凤鸟右方为一有翼虎；下排左端为一人，一手举一鱼，一手伸向身前一筌，对面一人坐于另一筌之上，一手垂下，一手举一鱼（？），二人之间另有一鲶（？）；其右为乐舞场景，中间一女子作袖舞（一说巾舞或公莫舞），右一女子鼓瑟，左右各有二人观看，左二人皆头戴进贤冠，身着长袍，拱手而立，右二人亦拱手而立。中间组画面为庄园坞壁建筑场景，其中央下部刻一阙门，正门高大，上方为两坡顶，正脊两端上翘；其上（一说出于空间中的后方）可见一四坡顶亭式建筑，檐下左右双柱，柱上一斗二升栾栱承檐，柱身中分竖槽，并饰折线纹，檐下中垂帷幔，柱间二人对面拱手而立，之间下置一壶（？），一说为臼，其上一"S"形物不明；正门两侧门阙稍矮，并与门框相连，上部为三坡顶，正脊外侧末端上翘，檐口以一排圆形表示瓦当，阙身可见壁带及壁柱，皆饰琐纹，壁面饰点纹；阙门两侧各连有墙壁，壁上有三坡顶，正脊长直，檐下各有五根（壁？）柱，壁面亦饰点纹，左壁上方可见两座望楼，左楼三层，右楼二层，皆为四坡顶，檐下双柱，柱上承栌斗（或多层替木），除左楼顶层，其余各双柱间皆设栏板（或楯），左楼一、三层及右楼一层内刻一人，余处填刻点纹，左楼上立一鸟，右楼上方另有一大鸟（？）；右墙上方另有一道（透视）斜向墙壁，结构与下方左右二墙一致，墙上设三座二层望楼，结构亦与左侧望楼一致，唯中楼上层内填刻网状纹理；三楼上方及侧方可见三鸟，皆头生羽冠，另有一猿（一说为戴武弁人首兽身神怪）攀援。右侧画面分为上下两格，上格左有三鸟，右一羽人戏凤，凤鸟收翅而立，头生羽冠，尾分二歧，其上方有三圆形物，或为丹丸（珠）；下格左为一导骑，骑手头戴进贤冠，右为一辆一马轺车，马颈套车轭，马身驾车辕，车厢顶边沿有垂幔，车厢口坐一御者，双手执缰绳，一女子从车厢内探出头来。画面四周有框，其中上、下、右三边为双层框，上边框间填刻琐纹，下、右两边框间填刻双层菱形纹。
著录与文献	
收藏单位	徐州汉画像石艺术馆

JS-XZ-167 局部

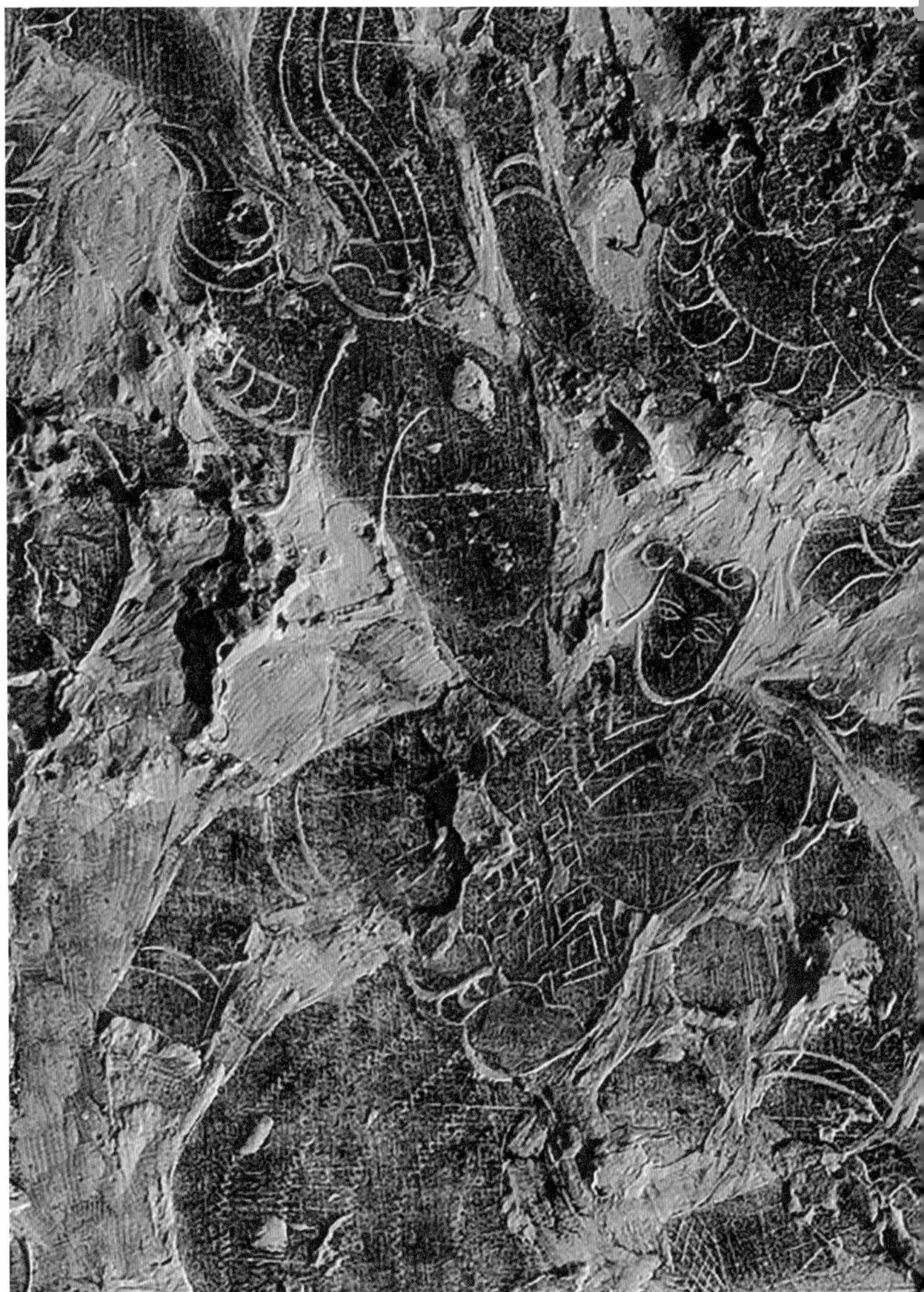

JS-XZ-167局部（与原石等大）

JS-XZ-167局部（与原石等大）

JS-XZ-167局部（与原石等大）

编号	JS-XZ-168
时代	东汉
出土/征集地	
出土/征集时间	
原石尺寸	102×89×7
质地	石灰岩
原石情况	原石呈长方形，断为左右两块。
组合关系	
画面简述	此图为浅浮雕。画面分上下两格，上格刻一上一下二菱形，二菱形之外填刻菱形斜线纹。下格为乐舞场景，左端有四人跪坐于地，其中左侧三人面右，右侧一人面左，左下角之人鼓瑟（一说弹奏卧箜篌），头梳高髻；右侧为一女子作袖舞（一说巾舞或公莫舞），头梳双垂髻，右臂抬起，其身后有一人；画面右上方似为二人角力，皆身着紧身衣裤，居右者双手托住居左者双足，将其翻倒，角力者右上方有二连弧纹；下格四周有双层框，框间填刻连弧纹。画面下部人物间填刻斜线纹，似为表现席（？）。整个画面四周有双层框，框间填刻斜线纹。
著录与文献	
收藏单位	徐州汉画像石艺术馆

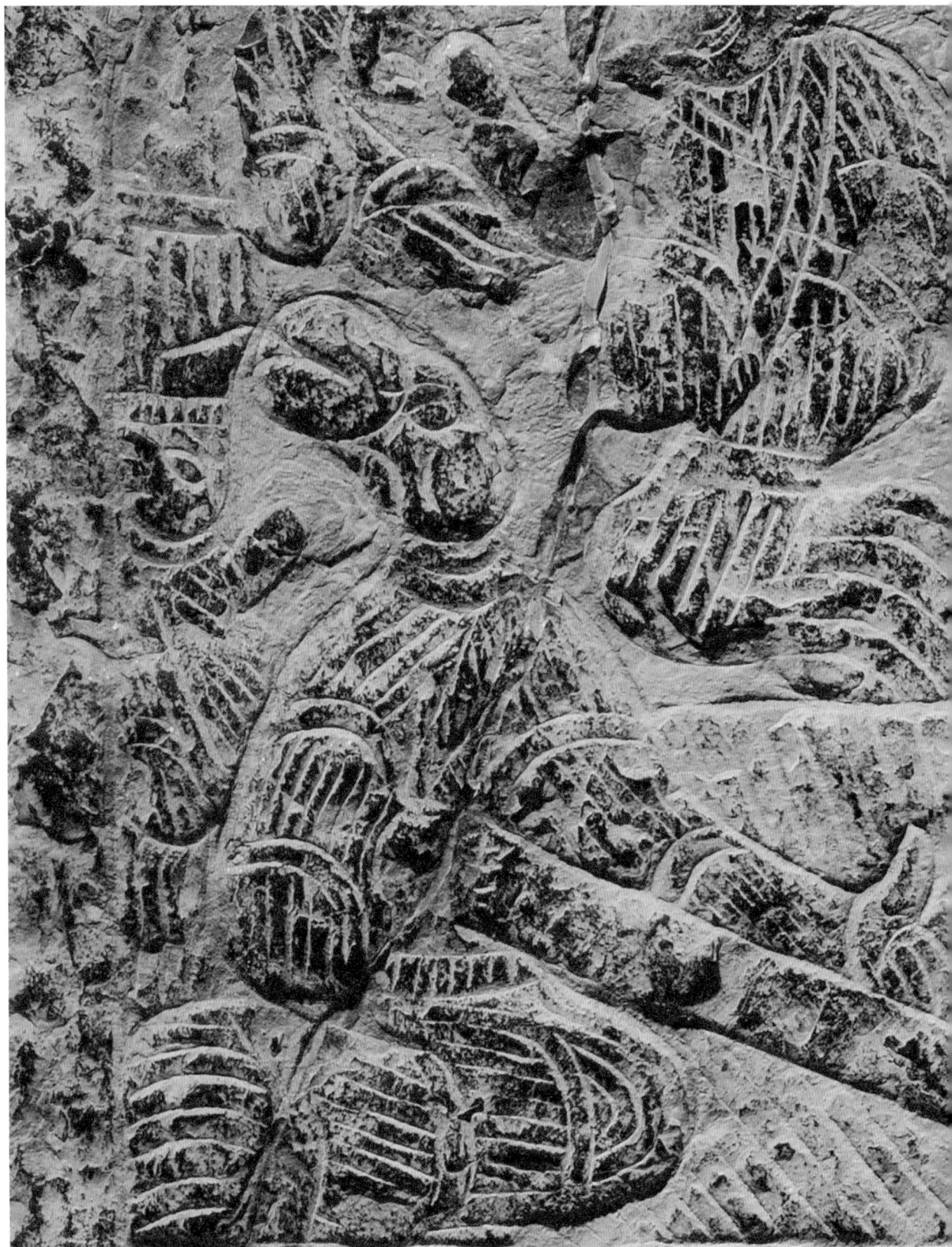

JS-XZ-168局部（与原石等大）

编号	JS-XZ-169
时代	东汉
出土/征集地	
出土/征集时间	
原石尺寸	67×180×15
质地	石灰岩
原石情况	原石呈长方形，基本完整。
组合关系	

画面简述 此图为浅浮雕。画面分上下两格。上格刻车马行列，左端为一辆一马轺车，马颈套车轭，马身驾车辕，车轮八辐，车上有一御者、一乘者，御者双手执缰绳，其右为一辆一马轺车，马颈套车轭，马身驾车辕，车轮八辐，车上有一御者、一乘者，御者双手执缰绳，二轺车皆从左向右行进；车马之前有二人朝右拱手躬身而立，其右为一辆一马軿车，马颈套车轭，马身驾车辕，车轮八辐，车厢口坐一御者，双手执缰绳，车厢上有小窗，后有一挡板；车后为一从骑，骑手身后可见箭箙，軿车和从骑皆从右向左行进。下格刻乐舞百戏场景，左下角停一辇车，车轮十二辐，轮前以一石墩（？）顶住，车厢后部有挡板，车棚以三搭扣扣合，车双辕皆有枝桠，车鞧悬于双辕间，车棚前伸出一戟、一矛，拉车之马以绳拴在车辕上，马左前及右后足有绊（絷），车上方有二人跽坐，皆双手向前平伸，居左者头戴武弁，居右者手前方有一圆形物，一说为小鼓，一说为钹，并有系带；其右为一人倒立，额缠发带，身着紧身衣裤，右足抓握一棒状物，伸向其口；辇车之右为一建鼓，鼓顶有羽葆（？），鼓身左下方悬一小鼓（？），鼓左侧有一人，头戴进贤冠，双手各执一鼓桴击鼓，鼓下立柱饰波形纹，柱下为卧羊鼓座；鼓右一人屈膝而立，左手叉腰，右手举一巾帕，鼓上方有一人冲狭，纵身跃入其身前的三圈，右侧有一人扶圈，圈下有一胡人，头戴尖帽，高鼻深目，俯身以背顶圈（？），手中握剑，剑锋向上，扶圈者右上方有一垂幔；其右一人作袖舞（一说巾舞或公莫舞），舞者下方有二乐师跽坐，居左者吹排箫，居右者吹埙（？）；右端为三乐师跽坐于席上，席前置五个小鼓，乐师皆持桴击鼓，席后摆放三乐师的鞋履。画面上下格间格线刻菱形线纹；整体画面左、右、下三边有框，其中左侧为三层框，外层框间填刻三层菱形纹，内层框间图案漫漶，但框上可见线刻波形纹；右侧亦为三层框，外层框间刻二怪兽，内层框间刻连弧纹，框上可见线刻波形纹。

著录与文献 武利华：《徐州汉画像石通论》，北京：·文化艺术出版社，2017年，第321页，图10-22。

收藏单位 徐州汉画像石艺术馆

JS-XZ-169局部

JS-XZ-169局部（与原石等大）

JS-XZ-169局部（与原石等大）

JS-XZ-169局部（与原石等大）

JS-XZ-169局部（与原石等大）

编号	JS-XZ-170
时代	东汉
出土/征集地	
出土/征集时间	
原石尺寸	127×123×20
质地	石灰岩
原石情况	原石呈长方形，上端略残。
组合关系	
画面简述	此图为浅浮雕。画面分上、中、下三格，每格之间以连弧纹花纹带相隔。上格刻一兽，形象漫漶不清。中格刻三鸟，左二鸟头生羽冠。下格中央为一座二层（一说为前后排列）建筑物，皆为四坡顶，正脊长直，瓦垄清晰，垂脊左侧为二鸟，右侧为二猿猴攀上；檐下双柱，柱顶承替木（或栌斗）；上方建筑柱间有三人，下方建筑柱间两人，皆仅见头部；下方建筑柱间置栏板（楯），柱下可见柱础；左柱外侧檐下一人，右柱外侧檐下一马；建筑左右各立一单层阙，阙顶正脊高大；左阙垂脊左右各一鸟，鸟下一猿猴攀上；双阙阙身收分明显，且皆有边框，其各自外侧似另有一人，仅露半身。画面四周有双层框，中格边缘填刻连弧纹，左、右、下三边框间填刻连弧纹；左框分为上下两段，左右交错排列。
著录与文献	
收藏单位	徐州汉画像石艺术馆

JS-XZ-170局部

编号	JS-XZ-171
时代	东汉
出土/征集地	邳县车夫山出土
出土/征集时间	
原石尺寸	60×248×13
质地	石灰岩
原石情况	原石呈长方形，断为左右两块，右端残。
组合关系	
画面简述	此图为浅浮雕。画面分上下两格。上格左侧为百戏场景，左端为二人相对作袖舞（一说巾舞或公莫舞），居右者右上方有一壶；其右为一人倒立；再右一人跳丸，一人跨步前趋，身后有二人皆身着长袍，拱手面左而立；其后立一"T"形（橦）架，架上左有一人手握横杆，双脚离地，右有一人手握横杆，双脚亦勾住横杆，挂于架上；架下立一鸟，其身前有一人双手高举，左手持一槌状物（？）；右侧为异兽场景，共六兽，左起二兽相戏，其右为二有翼虎，第五兽为一翼龙，最右为一鹿（或兔？）。下格为车马过桥场景，其中央刻一桥，桥头两端各立一柱，柱上可见十字形结构；桥上可见栏楯，桥板下一排圆形表示原木端面，桥下三根桥柱，柱上承一斗二升栾栱顶托上方桥体荷载，柱身收分明显；桥中央立三人，桥下左桥柱左侧有一人撒网捕鱼（？），左桥柱与中桥柱之间有一人以筌捕鱼，中桥柱与右桥柱之间有二人划船，右桥柱右侧有一人以筌捕鱼；桥左右方皆有车马向桥行进，左方车队导骑正在上桥，其后为一辆一马轺车，马颈套车轭，马身驾车辕，车轮八辐，车上有一御者、一乘者，御者双手执缰绳，其后为一辆一马轩（軿）车，马颈套车轭，马身驾车辕，车轮八辐，可见御者双手执缰持鞭，再后为一从骑；右方车队导骑正在上桥，其后为一辆一马轺车，马颈套车轭，马身驾车辕，车轮八辐，车上有一御者、一乘者，御者双手执缰绳，其后只见一马的前半身。画面上、下、左三边有框，其中上、左两边为双层框，框间填刻琐纹。
著录与文献	
收藏单位	徐州汉画像石艺术馆

JS-XZ-171局部

JS-XZ-171 局部

JS-XZ-171局部

编号	JS-XZ-172
时代	东汉
出土/征集地	铜山县小蔡丘出土
出土/征集时间	
原石尺寸	94×121×19
质地	石灰岩
原石情况	原石呈长方形，右上角断裂。
组合关系	
画面简述	此图为浅浮雕。画面主体刻一四坡顶厅堂式建筑，其正脊与垂脊两端皆上翘；正脊中央立一凤鸟，头生羽冠，垂脊左侧一鸟上飞，右侧一猿猴攀上；檐下中垂帷幔，左右各一立柱，柱下外侧可见矩形柱础；柱间一人拱手端坐，右柱外檐下一人拱手随侍；左上、下角各有一鸟首自框间探入。画面四周有框，其中上、左、右三边为双层框，框间填刻连弧纹。
著录与文献	徐州汉画像石艺术馆编著《徐州汉画像石》，北京：线装书局，2004年，第110页，图110。
收藏单位	徐州汉画像石艺术馆

编号	JS-XZ-173
时代	东汉
出土/征集地	
出土/征集时间	
原石尺寸	99×97×24
质地	石灰岩
原石情况	原石呈长方形，基本完整。
组合关系	
画面简述	此图为浅浮雕。画面刻一四坡顶厅堂式建筑，其正脊与垂脊两端皆上翘，正脊中央可见"↑"状脊饰，上立一凤鸟，头生羽冠，垂脊两侧各一鸟攀上；檐下双柱，柱上三层替木承檐，柱身中有纵向凹槽，并饰波形纹；柱下一榻，柱间二人（似为一男一女）对坐于榻上，二人之间置一三组樽及二耳杯；左柱外檐下植一柏树（一说常青树），右柱外檐下立一人，着袍戴冠，持笏左向而立；建筑左上方有一弧形纹。画面四周有框，其中上边为双框，框间填刻连弧纹；右框从稍上的位置起由单框变双框，高出画面，框间填刻双层波形纹。
著录与文献	
收藏单位	徐州汉画像石艺术馆

编号	JS-XZ-174
时代	东汉
出土/征集地	
出土/征集时间	
原石尺寸	147×118×16
质地	石灰岩
原石情况	原石基本完整，左侧上角有长方形缺口。
组合关系	
画面简述	此图为浅浮雕。画面分上、中、下三格。上格与中格之间以连弧纹花纹带相隔，上格窄于中格、下格。上格刻二鸟相对并颈，昂首而立，二鸟之间有一小鸟；左鸟左上方有一鸟，右鸟右上方、下方各有一鸟；画面上方以云气补白。中格左端为一双头并颈鸟收翅而立，其上方有一鸟；中央立一鸟，回首而望，其上方另有一长颈飞鸟与之相望；鸟身前立一鸟，身下有一飞鸟；右端为一有翼龙，头生角，颔下有须；画面四周以云气补白。下格中央为一四坡顶厅堂式建筑，其正脊平直，垂脊两侧各有二鸟；屋面瓦垄清晰，檐下双柱，柱上承双层替木（或栌斗）；柱间二人，居左者持笏低首右向而跪，居右者似老者，戴冠着袍，拄杖于一半圆形物（或为阈或阘）上，左向而立；左柱外檐下悬一料斗，一马立于其左侧进食，右檐下有一龙，头生角，身体盘曲。画面四周有双层框，框间填刻连弧纹；其中上格上、左、右三边及中格右边于双框之内又有双层框，框间填刻波形纹。
著录与文献	
收藏单位	徐州汉画像石艺术馆

编号	JS-XZ-175
时代	东汉
出土/征集地	铜山县汴塘出土
出土/征集时间	
原石尺寸	102×101×18
质地	石灰岩
原石情况	原石呈方形，基本完整。
组合关系	
画面简述	此图为浅浮雕。画面中央刻一四坡顶厅堂式建筑，其正脊与垂脊两端皆上翘，垂脊两侧各立一鸟，屋面瓦垄清晰，檐下中悬帷幔，左右各一立柱，柱上承三层替木（？）；柱间二人对坐于榻上；双柱外侧檐下各一人，面中侍立；建筑上方另有云气和鸟首（？）补白。画面四周有双层框，上边框间填刻连弧纹，左、右、下三边框间填刻双层菱形纹。
著录与文献	
收藏单位	徐州汉画像石艺术馆

编号	JS-XZ-176
时代	东汉
出土/征集地	
出土/征集时间	
原石尺寸	80×148×15
质地	石灰岩
原石情况	原石呈长方形，基本完整。
组合关系	
画面简述	此图为浅浮雕结合线刻。画面为建筑人物乐舞场景。其主体为一四坡顶厅堂式建筑，正脊平直；屋面瓦垄清晰，檐下双柱，柱上承层替木；左柱外檐下一乐师鼓瑟，右柱外檐下一舞者着袍作袖舞（一说巾舞或公莫舞）。建筑台基之下中央立一建鼓，鼓架顶有华盖，下为二层羽葆，底座为兽形鼓座；鼓左右各有一人，双手各执一鼓桴击鼓；击鼓者左右各有一乐师跽坐，居左者吹笙（竽？），居右者吹排箫。画面四周有框，其中左、右两边为双层框。
著录与文献	
收藏单位	徐州汉画像石艺术馆

编号	JS-XZ-177
时代	东汉
出土/征集地	
出土/征集时间	
原石尺寸	120×131×21
质地	石灰岩
原石情况	原石基本完整，左侧上角有长方形缺口。
组合关系	
画面简述	此图为浅浮雕。画面分上、中、下三格。中格与下格之间以双层菱形纹花纹带相隔，花纹带二条边刻皆波形纹；上格窄于中格、下格。上格刻乐舞场景，最左为两排共四乐师，乐师中间有一舞者作袖舞（一说巾舞或莫舞）；其右为两排共四乐师，其中前排二乐师鼓瑟（抚琴），二人之间有一舞者；最右端亦有一舞者；乐师和舞者皆头梳高髻；上格上边沿一道连弧纹花纹带。中格左侧为乐舞场景，左端为二人相对踞坐而舞，皆双臂抬起；其右为一乐师鼓瑟（抚琴），乐师周围有三人，以及一樽及勺；右侧有二半人半蛇神，双臂抬起，蛇尾交缠；右端为一人躬身而立。下格刻菱形穿环纹。画面四周有双层框，框间填刻双层菱形纹。上格左框外有一人俯身而立，其上下各有一柿蒂纹。
著录与文献	
收藏单位	徐州汉画像石艺术馆

编号	JS-XZ-178
时代	东汉
出土/征集地	
出土/征集时间	
原石尺寸	116×131×30
质地	石灰岩
原石情况	原石基本完整，右侧上角有长方形缺口。
组合关系	
画面简述	此图为浅浮雕。画面分上、中、下三格。中格与下格之间以双层菱形纹花纹带相隔，花纹带二条边皆刻波形纹；上格窄于中格、下格。上格刻二半人半蛇神，皆双臂抬起，二神人之间有一人端坐，神人身旁皆有身形较小人侍立。其中左侧神人面前有一人，右侧神人的两侧各有一人。上边沿为一道连弧纹花纹带。中格左为乐舞场景，舞者和乐师皆头梳双髻；左端为一舞者，高抬双臂；其右有三乐师鼓瑟(抚琴)，为首的琴师左右各坐一人，二人面前各有一樽；乐师身后有二人；再右一人朝上方张弩而射；再右一人跽坐；右为二人并肩跽坐。下格刻穿环纹。上格右框外有二人跽坐，左似为舞者，头梳双髻，右为男子。画面四周有双层框，框间填刻双层菱形纹；画面中、下格右侧另有一框，框间填刻连弧纹。
著录与文献	
收藏单位	徐州汉画像石艺术馆

编号	JS-XZ-179
时代	东汉
出土/征集地	江苏铜山出土
出土/征集时间	
原石尺寸	102×98×19
质地	石灰岩
原石情况	原石呈长方形，上端残。
组合关系	
画面简述	此图为浅浮雕。画面分上下两格。上格刻一建鼓，鼓上方为二层羽葆；鼓左右各一人，皆身着短袍，双手各持一鼓桴击鼓，鼓下方为卧虎（？）鼓座，虎张口吐舌，回首右望；虎座左右各置一壶（？）。下格左端为一人持两歧簇；其右二人六博，皆双手高举，中有博局及算筹；居右者身后有一耳杯，一鼓腹带网状纹理的矩形物不明（一说为熏笼）；右端为一乐师鼓瑟（抚琴），其面前有一樽及勺。
著录与文献	
收藏单位	徐州汉画像石艺术馆

编号	JS-XZ-180
时代	东汉
出土/征集地	铜山县吕梁出土
出土/征集时间	
原石尺寸	153×118×21
质地	石灰岩
原石情况	原石基本完整，右侧上角有长方形缺口，左上角略残。
组合关系	

画面简述　此图为浅浮雕。画面分四格，从上至下，第一格刻胡人乐舞百戏场景，其中除右二者（观者）外，皆头戴尖帽，身着紧身衣裤，应为胡人；画面左下角一人单手撑地，一脚蹬地，另一脚踩于画框侧边，另一人单脚踩其腹部，下方之人回身拉其手；其右为一人俯身跪地，手撑于面前一案上，另一人在其背上跨步前趋，双臂张开，其下方有一长方形物；案旁有一墩（一说为樽），墩上一人倒立，倒立者头上方可见一耳杯；再右一人戴冠着袍，正面而立；右端一人双手各举一鼗鼓（？），一说跳丸，左向奔跑。第二格左端为一虎；其右一乐师踞坐鼓瑟（？），一说弹奏卧箜篌，乐器下方有一鸟首；再右为一乐师跪坐吹笙（竽?），面前置一樽；吹笙者身后立一人，倾身探向吹笙者；右端亦立一人，手举一物不明；画面上方以云气补白。第三格为车马行列，从左至右行进；右端一人，头戴武弁，拱手躬身迎迓；其前为一辆一马轺车，马颈套车轭，马身驾车辕，车上有一御者、一乘者，御者双手控缰；车后为一从骑，骑手手执马鞭（？），其身后云气补白。第四格刻菱形穿环纹。画面四周有三层框，其中外层框上、左填刻连弧纹及波形线纹，下、右填刻连弧纹及斜线纹；内层框间填刻波形纹。

著录与文献　武利华:《徐州汉画像石通论》，北京：文化艺术出版社，2017年，第321页，图10-21。

收藏单位　徐州汉画像石艺术馆

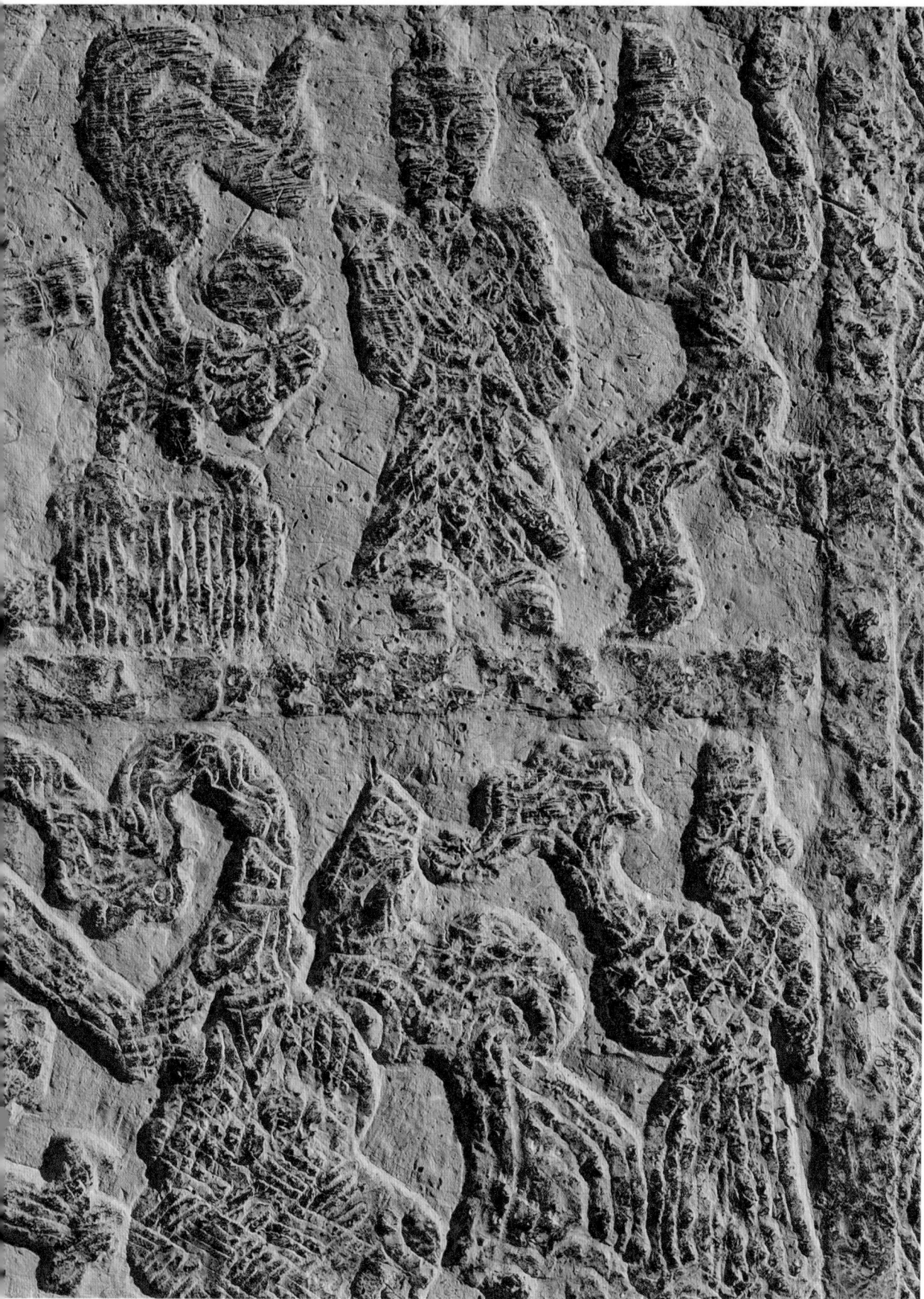

JS-XZ-180局部

编号	JS-XZ-181
时代	东汉
出土/征集地	
出土/征集时间	
原石尺寸	96×94×22
质地	石灰岩
原石情况	原石呈方形，基本完整。
组合关系	
画面简述	此图为浅浮雕。画面分上、中、下三格。上格刻二凤鸟相对展翅而立，皆头生羽冠，尾分二歧，口中衔丹丸（珠串），二鸟之间趴卧一兔，右鸟抬起一足欲抓兔。中格为二天禄（一说左为天禄，右为辟邪）相对而卧，皆头生双角（或左为一角，右为双角），颌下有须，身覆鳞片，口张开，共衔一铜钱，各抬一足相抵。下格为乐舞场景，左侧为一舞者屈膝作袖舞（一说巾舞或公莫舞），其身后立一人；右有三人跽坐，最左者鼓瑟，居中者两手抬起，最右者拱手；舞者和跽坐者皆头梳高髻；舞者与抚琴者之间有一圆盘，上置十一个耳杯。画面四周有框；上、左、右三边为三层框，其中内层框间填刻菱形套连纹，且左、右上角各有一方格，格内皆有一柿蒂纹；上边外层框间正中有一三角形，框外有一填刻线纹的倒三角形与之正对。
著录与文献	
收藏单位	徐州汉画像石艺术馆

编号	JS-XZ-182
时代	东汉
出土/征集地	
出土/征集时间	
原石尺寸	104×136×14
质地	石灰岩
原石情况	原石呈长方形，基本完整。
组合关系	

画面简述　此图为浅浮雕。画面分四格，但较为漫漶，细节不易辨。从上至下，第一格刻乐舞百戏场景，左立二乐师，居左者似吹一乐器不明，居右者似吹笙（竽？），其脚边有一方形物（或为樽），二人皆身着长袍；中为一人飞剑跳丸，身着短袍；其右为一人倒立；右端一人似作袖舞（一说巾舞或公莫舞），身体前倾。第二格为人物（拜谒？）场景，从左至右，第一人戴高冠正面端坐，上方及后方可见帷幔；其右一人面朝其跽坐，双手持笏（？）作拜谒状；其后四人皆跽坐；六人皆坐于台基之上。第三格为庖厨场景，左端一人面右而立，仅露半身；其右立一人，双手拎一圆形物（或为盆、瓮或篮），其面前上方悬一物，似垂幔（或食物）；其右二人相对，中置一臼（或案），居右者躬身前倾，与其上和居左者配合操作某类炊事活动，二人之间悬一物不明；右端一灶，灶上置一甑，灶前有一人跪地，伸手向甑为炊事，其身后悬一物，一说为（兔？）脯。第四格为乐舞场景，左端为一乐师跽坐鼓瑟（一说弹奏卧箜篌），其右有一舞者作袖舞（一说巾舞或公莫舞），舞者身旁有二人侧立观看；右端为一乐师跽坐表演（具体内容不明），一手前伸，其左有一人跽坐，其右为一人侍立。画面左、右、下有框，其中左、右两边为双层框，框间填刻菱形穿环纹。

著录与文献

收藏单位　徐州汉画像石艺术馆

编号	JS-XZ-183
时代	东汉
出土/征集地	
出土/征集时间	
原石尺寸	72×106×14
质地	石灰岩
原石情况	原石呈长方形，右上角残。
组合关系	
画面简述	此图为浅浮雕。画面分左右两栏，右栏应为铭文，现无字，只见分列竖线。左栏又分上下两格，上格刻五人踞坐，其中左二人为一组、右三人为一组，左起第二人鼓瑟（抚琴），右侧三人似吹奏；下格刻车马行列，从左向右行进，右为导骑，其后为一辆一马轺车，车上前有御者控缰，后有乘者。画面四周有三层框，外框间填刻斜线纹，内框间填刻菱形线纹。
著录与文献	
收藏单位	徐州汉画像石艺术馆

编号	JS-XZ-184
时代	东汉
出土/征集地	
出土/征集时间	
原石尺寸	69×69×15
质地	石灰岩
原石情况	原石呈方形，基本完整。
组合关系	
画面简述	此图为线刻结合浅浮雕。画面线刻一建鼓，鼓架顶部图像有破损，似有华盖，或为一舞者作袖舞；其下架一横杆，杆两旁为羽葆，横杆上坐二人，皆双手抬起，居左者一手扶竖杆；羽葆上各有一人倒立；鼓左右各有一人，居左者右腿屈，左腿后蹬，双手各执一鼓桴，左手击鼓，回身而望，右手向后，居右者跽坐，双手各执一鼓桴击鼓；鼓下方另有二人隔中柱相对跽坐，皆头戴进贤冠，居左者拱手躬身，居右者执笏。画面四周有三层框，框间填刻菱形线纹。
著录与文献	
收藏单位	徐州汉画像石艺术馆